■ 财经类高校财税专业核心课系列教材

地方财政学

◎ 朱红琼　主编

科学出版社

北　京

内 容 简 介

地方财政学是财政学中专门研究地方政府经济活动及其经济效应的一门分支学科，是研究地方政府资源配置的经济学。本书按地方财政运行过程及各财政范畴之间的逻辑关系安排内容体系。第一章为导论，介绍地方财政学的研究对象及地方政府存在的必然性；第二章为地方政府财政职能，从公平与效率角度分析财政职能在各级政府的分配；第三章为财政体制，从理论与实践方面分别论证中央与地方财政关系；第四章到第七章为地方财政支出与地方财政收入，分别从理论与实证的角度来加以分析；第八章为地方财政管理。本书以文字表述为主、辅之以图表，每一章的内容安排基本上前面是规范分析，主要讲理论、讲原理，后面部分则是针对中国的具体实践来进行实证分析。

本书可作为高等学校经济学类专业的本科生或硕士生教材，也可作为财政、税收领域从业人员的培训教材或参考读物。

图书在版编目（CIP）数据

地方财政学 / 朱红琼主编. —北京：科学出版社，2024.6
财经类高校财税专业核心课系列教材
ISBN 978-7-03-078613-5

Ⅰ.①地… Ⅱ.①朱… Ⅲ.①地方财政–高等学校–教材 Ⅳ.①F810.7

中国国家版本馆 CIP 数据核字（2024）第 109225 号

责任编辑：王京苏 / 责任校对：姜丽策
责任印制：张 伟 / 封面设计：有道设计

科学出版社 出版
北京东黄城根北街 16 号
邮政编码：100717
http://www.sciencep.com

北京九州迅驰传媒文化有限公司印刷
科学出版社发行 各地新华书店经销
*
2024 年 6 月第 一 版 开本：787×1092 1/16
2024 年 6 月第一次印刷 印张：10
字数：240 000
定价：**52.00 元**

（如有印装质量问题，我社负责调换）

前　言

　　财政是一个古老的话题，而地方财政学则是一个相对年轻的学科领域。关于地方财政的研究，西方财政经济理论主要体现在"财政联邦主义"这一学说里。"财政联邦主义"学说关注的主要问题是财政分权与集权，从效率的视角论证财政分权的必要性与合理性。以蒂布特1956年发表的《一个地方财政支出纯理论》为标志，在他的"以足投票"理论之后，许多经济学家对财政分权进行了补充和发展，如斯蒂格勒的最优分权式"菜单"、马斯格雷夫的分权理论、奥茨的分权定理、布坎南的分权俱乐部理论、特里西的偏好误识理论等，他们从减少信息成本、提高资源配置效率、地方政府竞争、地方经济发展等方面论证了财政分权的必要性。

　　中国财政的改革之路是一条由计划经济向市场经济转变、由高度集权向相对分权转变的道路。我国经济发展取得的成绩，与始终走在改革前沿的财税体制改革分不开。中华人民共和国成立后，我国财政管理体制曾经过多次改革，逐步形成了统收统支的财政体制。改革开放后，我国财税体制经历了1980年、1985年、1988年和1994年四次重大改革。其中前三次体制改革具有一定的共性，就是实行对地方政府放权让利的包干制财政体制，第四次则是适应市场经济体制的分税制财政体制。我国财政体制从高度集权走向相对分权，充分调动了地方政府的积极性，促进了区域经济发展和地方基本公共产品的提供。

　　但是，由于财政联邦制产生于西方土壤，中国的地方财政实践一直在摸索中前行，有一些方面还需要进一步改进和完善，如各层级政府之间职责划分、地方财政困难、地方税收体系不健全、区域发展差距较大等。这些现实问题引起党中央高度重视，2014年中共中央政治局审议通过《深化财税体制改革总体方案》，对深化财政体制改革作了全面部署；2016年国务院发布了《关于推进中央与地方财政事权和支出责任划分改革的指导意见》；2018年国务院办公厅印发《基本公共服务领域中央与地方共同财政事权和支出责任划分改革方案》，对事权和支出责任的划分进行了原则性规定和具体性安排；党的十九大在正式确认我国社会主要矛盾转移的同时，对财政体制改革作了进一步安排，提出"加快建立现代财政制度，建立权责清晰、财力协调、区域均衡的中央和地方财政关系"[①]。总体而言，财政体制改革要实现"建立中央与地方合理财力格局，推进基本公共服务均等化"；党的二十大提出在实现中国式现代化的过程中，要"优化税制结构，完善转移支付体系""到二〇三五年，基本公共

---

　　① 《习近平：决胜全面建成小康社会 夺取新时代中国特色社会主义伟大胜利——在中国共产党第十九次全国代表大会上的报告》，https://www.gov.cn/zhuanti/2017-10/27/content_5234876.htm[2017-10-27]。

服务实现均等化"①。我国在学习和借鉴西方理论和经验的同时，结合中国特色，积极探索我国财政改革实践，为财政理论的发展贡献出中国实践与中国智慧。基于此，我们在梳理西方理论的基础上，结合中国具体实践，参考了前人的研究成果，博采所长，编写了这本《地方财政学》。

本教材具有以下特点。

（1）在教材体系上，本教材继承了财政学教材的基础理论、支出、收入、管理的基本构架，又进行了新的探索，将财政体制放在第三章。因为它的内容界于基础理论与收支平管之间，同时又体现了财政体制在地方财政学中的统领地位。

（2）在教材内容上，本教材注重理论与实践相结合，既包括有财政经济理论的规范分析，也通过中国财政实践进一步论证有关内容，同时吸收国内外财政理论、制度和政策经验，使学习者能了解与掌握各种理论之间的异同之处、不同国家的财政实践的最新成果。

（3）在适用对象上，本教材以文字表述为主，辅之以图表，力图做到兼顾通用性与专业性并存。本教材可用作高等学校经济管理类专业的本科生或硕士生教材，也可以作为财政、税收领域从业人员的教材或参考读物。

本教材是贵州财经大学经济学院朱红琼教授在"地方财政学"讲义的基础上，结合长期的教学经验和成果完成的。在教材编写期间，贵州财经大学财政学专业各届研究生为本教材的编写与完善做出了相应的贡献，在此对他们表示衷心的感谢。同时向文中各参考文献的作者表示诚挚的敬意和感谢。

---

① 《习近平：高举中国特色社会主义伟大旗帜 为全面建设社会主义现代化国家而团结奋斗——在中国共产党第二十次全国代表大会上的报告》，https://www.gov.cn/xinwen/2022-10/25/content_5721685.htm[2022-10-25]。

目　　录

第一章

导　论

1. 了解地方政府存在的理由。
2. 了解财政分权理论。

财政学主要是围绕公共产品的供给难题进行研究的，这时将政府作为一个总体，没有阐述地方政府在公共财政中的地位及其存在的经济意义。但地方政府却在现实经济体系中已经存在。当今世界，任何有一定规模的国家都必须建立地方政府。而大多数国家的公共部门也不是由单一或完全集中的一级政府组成的，而是分成若干层级的政府，每一级政府都有各自的职责范围与权力。可以说，除中央政府以外的各层级政府都可以称为地方政府，而每一层级的政府职责是什么，有哪些征税权力，与上一级政府之间的关系如何处理等都是需要讨论的问题。

本书从公平与效率的视角来分析地方政府存在的理由，并以此为切入点，对多级政府体系中地方政府与地方财政的特点进行分析，从公共产品的层次性上来分析地方政府提供地方性公共产品的效率，并以此为依据概括出地方财政职能。通过规范财政体制，确定地方财政收入、地方财政支出的研究范围，重点对地方税收收入、地方财政转移支付收入等进行分析，以地方财政管理应注意的各种事项为最终结尾。

第一节　地方财政学的研究对象

"财政"指的是以政府为主体的经济活动，而财政学是专门研究政府的经济活动及其经济效应的学科，简言之，财政学是研究政府资源配置的经济学。研究内容主要包括政府与市场资源配置的界限，公共部门的经济活动或政府部门的经济活动及其规律性，公共部门资源配置在公平与效率之间的协调问题等。

对应地，地方财政是指以地方政府为主体的经济活动，地方财政学则是财政学中专门研究地方政府经济活动及其经济效应的一门分支学科，是研究地方政府资源配置的经济学。研究内容主要包括中央与地方政府资源配置的范围，或称为中央与地方政府财政关系，地方政府的经济活动及其规律性，地方政府在其管辖范围内如何实现公平与效率的协调等问题。根据其定义及研究内容，地方财政学的研究对象可准确地表述为：在既定中央政府与地方政府间财政分配关系和分配格局下的地方财政收支以及与之相关的财政管理活动。

一、地方政府存在的依据

为什么要采用多层级的政府制度而不是单一的集权制呢？为什么要实行财政分权？财政联邦制从公共产品供给的范围、效率的角度来分析这个问题。更具体地来说，我们在分析财政学时，强调政府的三大职能即资源配置、收入分配、稳定经济，由于职能不同，由中央或地方政府来执行具体的职能时效果会有差异，地方政府的存在就是为了更好地解决中央政府在执行三大职能时存在的问题。

财政联邦制又称为财政联邦主义，是处理财政关系的一种规范制度，是指各级政府为共同履行公共经济职能，在财政职能和收支上有一定的独立性和自主性，其主要内容包括不同级别政府的作用，收支如何在各级政府间进行划分以及政府间的补助等一系列问题，其实就是财政分权理论，其核心是处理中央与地方的财政关系，即中央与地方在财政关系上的集权与分权问题。

西方财政分权理论从效率与公平两个方面来分析财政分权的原因，或者分析地方政府存在的理由，马斯格雷夫（Musgrave）、奥茨（Oates）、查尔斯·M. 蒂布特（Charles M. Tiebout）等都是研究地方分权合理性的著名学者。在论证地方政府为什么存在时，主要是从公共产品的层次性出发，认为有些公共产品是全国范围内的，由中央提供效率更高，而有些公共产品是地方性的，由地方政府提供效率可能更高，由此论证了地方政府存在的合理性以及财政分权的理论依据。这类理论有斯蒂格勒（Stigler）的最优分权式"菜单"、马斯格雷夫的分权理论、奥茨的分权定理、布坎南（Buchanan）的分权俱乐部理论、特里西的偏好误识理论、蒂布特的"以足投票"理论等。对于这些理论，后面将有详细论述。综合论之，其原因主要有以下几种。

（1）减少信息成本。由于地方政府比高层级的政府更贴近民众，更能了解民众的愿望，更能有效地掌握民众的信息，因此地方政府能比中央政府更有效率地提供地方性公共财政服务。

（2）提高资源配置效率。斯蒂格勒认为，地方政府的存在是必要的，一是与中央政府相比，地方政府更接近自己的民众；二是一国国内不同的人民有权对不同种类与不同数量的公共服务进行投票表决。因此地方政府的存在是为了实现资源配置的有效性。而马斯格雷夫则认为，公共产品的受益范围不同，造成了不同的公共产品由不同的政府来提供。受益范围覆盖整个国家的，则由中央政府提供。但更多的是地方性公共产品，其受益范围只覆盖有限的地理范围，这些地方性公共产品由地方政府提供更有效率。

（3）有利于财政监督。通过财政分权，中央政府管理的横向幅度缩小，监督难度就相应下降。若中央计划当局高度集权，其监督任务增加就会导致监督不经济。

（4）有利于引入竞争和创新机制。实行财政分权后，地方政府有自己的独立利益。为了促进地方经济发展，地方政府之间在税收、财政支出、投资环境等领域展开竞争。

（5）经济发展的要求。有学者认为，当经济发展较为成熟时，从分权中获得的收益出现了。经济发展水平越高，财政分权的可能性也就越大。

二、财政分权理论

地方财政学或称地方经济学的传统研究方法是对财政联邦主义的研究，财政联邦主义是运用效率标准，在联邦体制框架内的不同层级的政府之间确定具体的公共部门活动和收入来源。财政分权有助于公共部门产出和地方偏好之间的匹配，从而促进了资源配置效率的提高。然而，分权化的程度却受到公共服务供应过程中规模经济的限制，同时也受到政府分配职能和稳定经济职能的限制。而外部性和政府管辖权的外溢性等因素也会影响财政分权，使财政分权进一步复杂化。

财政联邦主义指的是从经济学的角度去寻找有效行使财政职能所需的财政支出和收入在中央到地方各级政府之间最优分工的理论与学说。地方政府存在的经济依据是财政联邦主义要解决的首要问题。斯蒂格勒于 1957 年发表的《地方政府功能的有理范围》一文中，给出了他对这一问题的解释。斯蒂格勒是用实现资源配置的有效性和分配的公正性来证明地方政府存在的必要性的。他认为，与中央政府相比，地方政府更接近于本辖区内的民众，从而也就比较了解所管辖地区居民的需求和效用，而且不同地区的居民也有权选择自己需要的公共产品的种类和数量，地方政府的存在为不同地区民众对公共产品的不同需求提供了选择。由此，斯蒂格勒得出了"为了实现配置的有效性与分配的公平性，决策应该在最低行政水平的政府部门（即地方政府）进行"的结论。奥茨在《财政联邦主义》一书中提出的分权定理，也论证了地方政府存在的理由。奥茨的分权定理是建立在居民偏好的差异性和中央政府等量供给公共产品的假定之上的，在这些假定条件下，奥茨证明了如果地方政府能够和中央政府一样提供同样的公共产品，那么由地方政府来提供会更加有效。与其他相关研究主要着眼于最优状态下的分权不同的是，特里西的偏好误识理论论证了次优条件下分权存在的理由。特里西认为，如果一个社会在信息方面是完全的而且经济活动也是完全确定的，那么是由中央政府还是由地方政府来提供公共产品就是无差异的。但在社会经济活动并不完全具备确定性的情况下，地方政府还是相当了解本地区居民的偏好的，它可以以完全的确定性确知任何居民个人偏好中的信息，而中央政府对全体居民的了解没有地方政府清楚，于是中央政府在提供公共产品的过程中就会产生偏差，因此只有由地方政府提供公共产品，社会福利才有可能达到极大化。布坎南的俱乐部理论和麦圭尔提出的模型，也分别从不同的角度论证了地方财政分权的必要性。

地方政府应当承担哪些财政职能或者说财政职能在各级政府间应如何划分，是财政联邦主义的核心内容之一。马斯格雷夫在《公共财政理论》一书中给出了对政府财政职能在各级政府间进行划分的经典论述："财政联邦主义的核心在于资源配置政策应该根据各地方居民的偏好不同而有所差别，而分配与稳定政策则主要归中央政府负责。"为了落实财政职能在不同层级政府间的划分，财政联邦主义还进行了深入的研究，从理论上探讨了实现财政职能的财政收支的划分问题，提出了财政支出和财政收入在中央政府与地方政府间划分的原则。财政联邦主义认为，财政支出的划分一般要遵循受益原则、行动原则和技术原则，而财政收入的划分的基本原则包括效率原则、利益原则和适应原则等。除了对财政收支在各级政府间的划分原则进行研究外，财政联邦主义还探讨了政府间财政转移支付和地方政府债务制度中的一些问题。

奥茨的分权定理和蒂布特的著名论文《一个地方财政支出的纯理论》在分析居民的流动性时，还涉及了政府间的竞争问题。他们认为，如果将资源配置的权力交由地方政府行使，那么通过地方政府之间的竞争能够促使地方政府的财政决策更好地反映纳税人的偏好，同时也加强了对政府行为的预算约束，从而会提高公共产品的供给效率。此外，各级政府之间的竞争也有助于制度的创新和新制度的扩散。

近些年来，激励相容与机制设计学说这一微观经济学发展的最新成果，也被运用到财政分权学说中来，形成了"新一代的财政分权理论"。新一代的财政分权理论所关注的问题，主要有政府（尤其是地方政府）自身的激励机制以及政府与经济当事人之间那种类似于委托—代理关系的经济关系等。

三、中央政府存在的依据

当然，只有地方政府，没有中央政府的存在也是有问题的。普遍观点认为，除了提供全国性公共产品外，中央政府还在解决外部效应内部化、规模经济、地区之间的收入再分配以及调节宏观经济等方面较之地方政府效率更佳。

（1）外部效应内部化。为实现资源的有效配置，全国性的和准全国性的公共产品应该由中央政府提供，以便适当解决地区间的经济外部性问题。

（2）规模经济。公共产品由中央政府进行大规模的生产可以降低成本，实现规模经济。

（3）只有中央政府才有可能解决地区之间和私人之间的收入再分配问题。同时可以避免资源流动所带来的税收收入从一个地区转移到另一个地区的问题。

（4）中央政府可以利用财政政策与货币政策来稳定和发展经济，而地方政府则缺乏两者的有效配合。

第二节　多级政府体系中的地方政府与地方财政

一、地方政府的概念

在有一定规模的国家里，完全由一级政府来管理社会是不现实的，也是无效的。世界上除了少数国家如安道尔、新加坡之外（前者国土面积 468 平方公里，后者 735.2 平方公里），绝大多数国家除了中央政府以外，都存在地方政府，且多是多层级的地方政府。

关于地方政府的含义和范围，学术界的观点颇不一致。《国际社会科学百科全书》认为："地方政府一般可以认为是公众的政府，它有权决定和管理一个较小地区内的公众政治，它是地区政府或中央政府的一个分支机构。地方政府在政府体系中是最低一级，中央政府为最高一级，中间部分就是中间政府（如州、地区、省政府等）。"根据这一概念，所有层级的政府无外乎包括中央政府、中间政府和地方政府。地方政府指的是最基层的一级政府，也是直接提供社会服务、同公众打交道的一级政府。如果用该定义来衡量我国的政府体制，地方政府指的就只能是农村的乡镇政府和城市的区政府。以农村的乡镇政府和城市的区政府作为我国地方政府的概念界定，范围显然过于狭小。但这一定义有助于准确、合理地划分各级政府职能，即地方政府在概念上实际上相当于一级基层政府。

《美国百科全书》认为："地方政府在单一制国家，是中央政府的分支机构，在联邦制国家，是成员政府的分支机构。"这一定义实际上反映了在不同国家的政府体系内，中央与地方政府之间的依附关系。在单一制国家，地方政府从属于中央政府，是中央政府的分支机构，地方政府权力的获取直接受中央政府支配。在联邦制国家，地方政府从属于成员政府，权力获取多少也直接受成员政府（如州政府）支配，因此性质上是成员政府的分支机构。这种定义较好地适应了单一制国家和联邦制国家不同政府体制的背景。

二、多层级政府体系中的地方政府

在多层级的政府体系中，地方政府的涵盖范围有所不同。有些国家的地方政府指的是除了中央（或联邦）及次中央（或联邦）一级政府外的其他政府，如美国的地方政府是指除了联邦、州以外的政府；而有些时候地方政府则指最基层的政府，是最接近百姓的政府，即为"牧民之官"，如中国古代普遍称的县官即为"牧民之官"，县则为最基层地方政府。

从本书研究的范畴来看，地方政府包括以下几个方面：首先研究对象是次中央一级的政府，即中央政府下面的那一级地方政府。次中央一级的政府如中国秦汉时期的郡、唐初时的州府、宋时的路、元时的行省、明朝的承宣布政使司（省）、清朝的省、民国的省及当代的省（自治区、直辖市），美国的州，德国的州，英国的郡、大都市及大伦敦区等。之所以选择次中央一级的政府，主要是因为财政收入分配一般是在次中央一级政府与中央政府之间进行的，次中央一级政府以下的收入分配则更多属于本区域内的事务；但也没有忽视基层政府，本书对基层政府的关注主要从财权与事权的对应情况、对上级政府命令的执行情况等方面进行分析。因此可以说，本书所说的地方政府范围较广，涵盖了各个层级的地方政府，只是在不同的章节，由于研究内容的需要，选取的地方政府层级有所不一。

（一）联邦制国家的地方政府

美国是最典型的联邦制国家，也是当今世界最发达的国家之一，其国土面积约为937万平方公里。美国的政府体系包括联邦政府和州及州以下地方政府。在英语文献中，"local government"（地方政府）通常是指第二层级政府（second-tier government）以下所有层级的政府（all governments below seconder），而不包括中间层次政府〔如美国和澳大利亚的州（state），加拿大的省（province）等〕。州以下的各级地方政府数量庞大、体制混乱，名称也繁多，美国州以下的地方政府主要有县政府和市政府。因此在涉及美国、德国等国家的部分章节中，所使用的地方政府概念有时仅指基层地方政府。县政府是美国州以下地方政府体制中最普遍的组织形式，县政府是州政府的代理机构，它们之间存在直接的行政隶属关系。市政府是一个自治程度比较高的组织，它与州政府之间则没有直接的上下级关系。澳大利亚也是一个经济发达的联邦制国家，其面积约为770万平方公里。澳大利亚分联邦、州（领地）、地方政府三级来管理本国的社会事务。截至2022年底，除联邦政府外，澳大利亚还分设六个州、两个自治区政府以及约700个地方政府。

（二）单一制国家的地方政府

英国在国家结构形式上属于单一制国家，英国由英格兰、苏格兰、威尔士和北爱尔兰4部分组成，国土面积24.41万平方公里。英国每一个组成部分的地方政府的设置状况都不尽相同。截至2022年底，英格兰划分为9个地区，下辖伦敦、56个单一管理区政府、201个非都市区和36个都市区政府。苏格兰下设32个区，威尔士下设22个区，北爱尔兰下设11个地方市郡。

日本是一个经济非常发达的单一制国家，包括北海道、本州、四国、九州四个大岛和其他6800多个小岛屿，总面积37.8万平方公里。日本实行地方自治制度，设立有都道府县与市町村两级地方政府，截至2011年4月1日，含东京都、北海道、大阪府、京都府和43个县，全国有786市、754町、184村，合计市町村总数为1724个（不含北方领土的6个村），如加上23个特别区，则为1747个。

法国也是一个经济非常发达的单一制国家，国土面积55万平方公里。根据1982年制定的《权力下放法案》，法国在中央政府以下设立行政大区，在行政大区下又设立了省和市镇，三级地方政府之间没有直接的从属关系。截至 2023 年 1 月，法国行政区划分为大区、省和市镇；本土划为 13 个大区、96 个省，还有 5 个海外单省大区、5 个海外行政区和 1 个地位特殊的海外属地；全国共有 34 935 个市镇。

中国是一个由多民族组成的单一制国家，也是当今世界疆域最为辽阔的发展中国家。我国的政府体系比较复杂，政府层级、名称和具体构成在过去几十年间经过了多次调整，如中华人民共和国成立初期，我国的政府体系就包括"中央政府—行政大区政府—省政府—县政府" 4 级，此外，在省政府和县政府之间还设立有行政公署，作为省政府的派出机构，县政府下设立了区公所。目前，我国实行中央、省、市（地区）、县和乡 5 个层级的政府体制。截至 2022 年底，我国有省级行政单位（省、自治区、直辖市） 34 个，其中 23 个省、5 个自治区、4 个直辖市、2 个特别行政区；地级行政区共 333 个，其中 7 个地区、3 个盟、30 个自治州、293 个地级市；县级行政区共 2843 个，其中 1301 个县、117 个自治县、49 个旗、3 个自治旗、394 个县级市、977 个市辖区、1 个林区、1 个特区；乡级行政区共 38 602 个，其中 7116 个乡、957 个民族乡、21 389 个镇、8984 个街道办事处、153 个苏木、1 个民族苏木、2 个区公所。

可见，在当今世界，不管是联邦制国家还是单一制国家，不管是发达国家还是发展中国家，不管是国土面积非常辽阔的国家，还是国土面积相对狭小的国家，在其政府体系中，除了中央政府之外，几乎都设立地方政府，只是在不同的国家地方政府的名称和层级不尽相同而已：有的国家叫省，有的国家叫州，有的国家叫邦，还有的国家叫郡；有的国家设立了一级地方政府，有的国家设立了两级地方政府，也有国家设立了三级甚至是四级地方政府。

三、地方政府财政问题

地方政府财政问题由来已久，长期以来，无论是理论界还是实践部门都展现出对地方政府财政部门的关注。

（一）地方财政研究的历史沿革

对地方政府财政问题的研究，早在英国经济学家巴斯塔布尔 1892 年出版的《公共财政》一书的第一篇第七章"中央与地方支出"中，就分析了中央政府与地方政府之间的差异、不同层级政府间的职责和支出等；该书第三篇第六章"地方税入"和第五篇第八章"地方债务"也都涉及了地方政府财政问题的内容。

在 20 世纪 40 年代，一些学者开始把有关地方财政与中央财政之间的相互关系的内容整合在一起，从而在财政学体系中形成了一个相对独立的组成部分。如 E. D. 阿兰（E. D. Allen）和 O. H. 布朗里（O. H. Brownlee）在 1947 年出版的《公共财政经济学》一书中，就专门以一篇的篇幅即第五篇"各级政府间财政合作"来具体分析联邦政府、州政府与地方政府之间的财政关系。索默斯在 1949 年出版的《公共财政与国民收入》的第五篇"州与地方财政"中也专门对地方财政活动进行了研究。

1954 年，美国著名经济学家萨缪尔森在其经典论文《公共支出的纯理论》中所建立起的公共产品理论，不仅为整个财政学的发展做出了重要的贡献，而且也为地方政府财政问题的研究奠定了坚实的理论基础。1956 年，美国西北大学教授蒂布特发表了另一篇经典论文《一个地方财政支出的纯理论》，这篇文章提出的蒂布特模型引发了相当多的地方财政方面的后续研究，极大地推动了地方政府财政问题研究的深入，为地方财政学的发展开创了一个新天地。奥茨在 1972 年出版的《财政联邦主义》一书中对政府间财政关系进行了开创性的研究。很快，政府间财政关系就被纳入财政学教科书中，如仅在一年之后的 1973 年，杜依的《政府财政经济分析》一书就以"财政联邦主义"为第三篇的篇名，分析了政府间财政关系和地方财政等方面的内容。此后，现代财政学中针对地方政府财政问题所做的理论研究，基本上集中在对财政联邦主义的论述上。

（二）我国地方政府财政问题的现实需求

从中国现阶段来看，地方政府财政问题突出，主要表现在：一是支出责任在各层级政府之间界限不明确，中央与地方政府财政关系有待进一步完善；二是地方财政收支存在缺口，基层政府财政压力大；三是地方税收体系不健全，地方政府缺乏独立、收入相对稳定的地方税种；四是地方政府债务种类繁多，家底不清，规模大，有较大的偿债风险；五是地方政府间发展不平衡，区域差距大。这些问题引起广泛的关注，党的十九大报告也将完善地方财政作为今后一个重要任务来抓，提出"加快建立现代财政制度，建立权责清晰、财力协调、区域均衡的中央和地方财政关系。建立全面规范透明、标准科学、约束有力的预算制度，全面实施绩效管理。深化税收制度改革，健全地方税体系"①。这将作为中国地方财政改革的一个方向性文件，指导地方财政理论研究与实践改革的方向。

复习思考题

1. 地方政府存在的理论依据是什么？
2. 单一制国家地方政府与联邦制国家地方政府有哪些不同？

---

① 《习近平：决胜全面建成小康社会 夺取新时代中国特色社会主义伟大胜利——在中国共产党第十九次全国代表大会上的报告》，https://www.gov.cn/zhuanti/2017-10/27/content_5234876.htm[2017-10-27]。

第二章

地方政府财政职能

教学目标

1. 了解公共产品的层次性及地方公共产品的特征。
2. 了解地方公共产品的有效供给。
3. 了解地方政府财政职能有哪些。

公共产品的受益范围，决定了公共产品的层次性与不同层级政府的责任范围。对于地方政府而言，其提供的主要是地方性或区域性的公共产品，与全国性公共产品相比，地方性公共产品具有受益范围的区域性、可能存在拥挤等特性。因此，地方性公共产品的有效提供与辖区规模之间存在一定的关联。

第一节　公共产品的层次性与地方性公共产品

公共产品的层次性关系到中央政府与地方政府在经济中发挥的作用与范围的大小。一般来说，公共产品可大致分为两种类型：一是全国性公共产品，它不受或较少受空间、地域限制，这一类公共产品主要由中央政府提供；二是地方性公共产品，它在较大程度上存在空间、地域限制，这一类公共产品一般由地方政府提供。

一、公共产品受益范围的层次性

由于公共产品的层次性的客观存在，为了使有限的财政资源在公共产品与服务中提高配置效率，需要根据不同层次的公共产品的特性，由不同政府主体有效地提供。

（一）全国性公共产品

全国性公共产品是指由中央政府在全国范围内提供的、可供全国居民同等消费并且共同享用的公共产品，如国防、教育等。全国性公共产品是典型的公共产品，它具有纯公共产品的两个主要特点：非排他性和非竞争性。以国防为例，从非排他性来看，某个人对国防产品的消费，不会影响到其他居民对国防安全的需求；从非竞争性来看，在全国范围内增加一个居民，消费国防服务的边际成本也不会因此而增加。

（二）地方性公共产品

与全国性公共产品的受益范围不一样，地方性公共产品的受益范围一般被限定在本区域之内；地方性公共产品是指在受益范围上具有地方性特点的公共产品，地方性公共产品主要由地方政府提供，如某地区的公安、检察、法院等提供的服务。在地方性公共产品中，准公共产品更为普遍。

二、地方性公共产品的特性

相对于全国性公共产品而言，地方性、区域性的公共产品具有更强的外部性，它一般具有收益的外溢性，在本区域以外的居民也能从这一区域性公共产品所提供的服务中受益而不需要支付任何成本。而有些地方性、区域性的公共产品具有成本的外溢性，本区域提供某一区域性公共产品的成本小于其社会成本。因而，地方性公共产品较全国性公共产品而言，其社会边际成本与该区域社会成员所获得的社会边际收益之间不存在对等性。

另外，地方性公共产品的拥挤性和排他性也表现得较为明显。布坎南曾指出："有这样的物品和服务，它们的消费包含着某些'公共性'，在这里，适度的分享团体多于一个人或一家人，但小于一个无限的数目。'公共'的范围是有限的。"因此，这种介于纯私人物品和纯公共产品之间的产品或服务就是准公共产品。地方政府提供的公共产品，更多属于准公共产品，俱乐部物品是地方性公共产品的重要组成部分，它具有以下特征。

第一，排他性。俱乐部物品仅仅由其全体成员共同消费。通过收费、会员制等方式排他。

第二，非竞争性。单个消费者对俱乐部物品的消费不会影响或减少其他消费者对同一物品的消费。在一定限度内，消费上具有非竞争性，像纯公共产品那样；当然，排斥有时是可行的，如同私人物品那样。城市间的高速公路、桥梁公园、对特定人群开放的学校、游泳池、海滩、电影院等，都是俱乐部物品的典型例子。当个人滥用这类财货并将外部成本加诸社会时，这类财货就会产生市场失灵。但由于排斥可行，俱乐部物品可能发生的市场失灵，可以通过俱乐部规则加以克服。

第三，拥挤性。公共产品的供给水平（效应）随消费者数量的上升而递减，如道路、桥梁、博物馆、图书馆等。拥挤性公共产品产生的根源在于其受益范围的空间限制，或者说服务范围的有限性。非拥挤性公共产品的供给水平同消费者的数量无关，如国防，不会因人口的增加而导致效应的下降和成本的上升，此时边际成本为零。

大部分地方公共产品的受益具有一定的空间范围限制，如图 2-1 所示，当该产品的消费者达到一定规模，即超过 Q_1 后，就产生了拥挤性，从而产生拥挤边际成本 MC_1，使消费者的效应降低。当拥挤边际成本与边际收益相等，即到达 E 点时，达到最佳供需均衡，再增加消费则对拥挤的感受更深，其拥挤产生的边际成本大于边际收益。

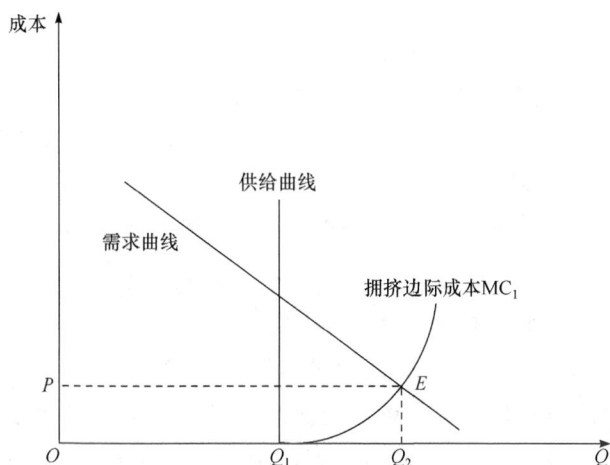

图 2-1 地方性公共产品的拥挤性

第二节 地方性公共产品的有效供给

对于不受空间限制的纯公共产品（即全国性公共产品）而言，理应由一个社区提供公共品更有效，但现实却是存在一个以上的社区（社区可以作为最基本的政府单位）。如果增加一个人并不会减少其他人享有的收益，则从规模效应的角度来看，最优配置将要求所有人都生活在同一个社区里。然而，这种情况必须与土地数量固定不变时的劳动报酬递减相权衡，或与拥挤（如当居住密度增加时）造成的效用递减相权衡。并且，对于某些公共产品而言，当社区超过一定规模时，便会出现拥挤问题。

由于地方性公共产品受益范围的有限性，在既定规模之前，增加一个消费者，公共产品供给的效率会有所增加，超过一定范围则会出现拥挤，故而地方性公共产品有一个最优的供给规模，下面就几个经济学家的分权理论来说明地方政府的最佳社会规模或地方性公共产品如何实现最佳供给。为方便分析，我们只研究单一的纯公共产品供给的情况。

一、奥茨的分权定理和地方政府提供公共产品的理由

奥茨在 1972 年出版的《财政联邦主义》中提到了分权定理：对某种公共产品来说，如果对其消费涉及全部地域的所有人口的子集，并且关于该公共产品的单位供给成本

对中央政府和地方政府都相同，那么让地方政府将一个帕累托有效的产出量提供给他们各自的选民则总是要比中央政府向全体选民提供的任何特定的且一致的产出量有效率得多。

假设如下。

（1）人口子集 A，每个成员偏好相同。

人口子集 B，每个成员偏好相同。

但 A 子集与 B 子集成员的偏好不同，$X_A \neq X_B$，$Y_A \neq Y_B$。

（2）都消费 X、Y 两种物品，Y 假设为私人品，但可由某一政府提供。

（3）收入分配达到最优。

政府的目标是社会福利最大化，为使 A 的福利最大化，则

$$\text{Max } U_A(X_A, Y_A) \quad (X_A, Y_A; X_B, Y_B)$$

即假定 X 和 Y 正好完全被 A 和 B 分配完或消费完。

约束条件为：$U_B(X_B, Y_B) = \bar{U}$，即 B 的福利不受影响。

$F(X_A+X_B; Y_A+Y_B)=0$，即 X 与 Y 的总量有限，经过分配后完全分尽。

从经济学中可以知道，一般均衡条件为 A 对 X 与 Y 的消费的边际替代率等于 B 对 X 与 Y 的消费的边际替代率，且这两个消费的边际替代率都等于社会生产 X 与 Y 的边际转化率。由于前面假设的消费者偏好不同，存在 $X_A \neq X_B$，$Y_A \neq Y_B$。

因此，在满足以上条件下，无论中央政府还是地方政府提供 X 或 Y 物品均可。但如果由中央政府提供，则对每一个子集提供同样多的 Y，从而有 $Y_A=Y_B$，这与假设条件不相符。进而反证出地方政府提供 Y 时比中央政府提供时有效。

二、马斯格雷夫的分权理论和最佳社会结构的选择

德国经济学家马斯格雷夫（1910—2007 年）在其著作《财政理论与实践》中，从资源配置角度出发，说明地方政府存在的必要性及最佳社会结构的选择。

1. 假设

（1）消费者拥有完全相同的偏好和收入。

（2）公共产品是纯粹的社会物品，但其受益范围只限特定的地理范围。

2. 结论

公共产品→社区人数对公共产品质量无影响（不考虑拥挤）→消费者越多，平均成本越低→单一财政供给。

3. 最佳社会规模的确定

假定社会提供公共服务水平为 Z，拥有社会成员 N，在图 2-2 中有如下含义。

AA：不同社会规模下人均劳务成本，用数学公式表达为 Z/N。

A_mA_m：人均边际成本节约，即随着社会成员增多，人均边际成本减少，用数学公式表达为 $Z/N(N+1)$。

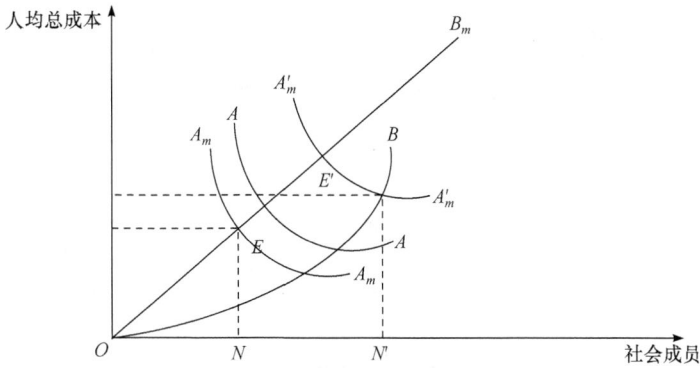

图 2-2 最佳社会规模

OB：人均拥挤成本。

OB_m：人均边际拥挤成本。

由于存在拥挤成本，即随着社会成员的增多，人均拥挤成本增加。因此，假设在提供 Z 水平的公共服务的情况下，最佳社会规模为 N，随着 Z 增加变成 Z'，最佳社会规模增加为 N'。

4. 最佳公共服务供给水平的确定（在社会规模确定的情况下）

如图 2-3 所示，SS：公共服务的成本（供给曲线）。DD：对公共劳务的需求。在人口确定的情况下，人们愿意付出一定的成本（税收）来享受一定的公共服务。

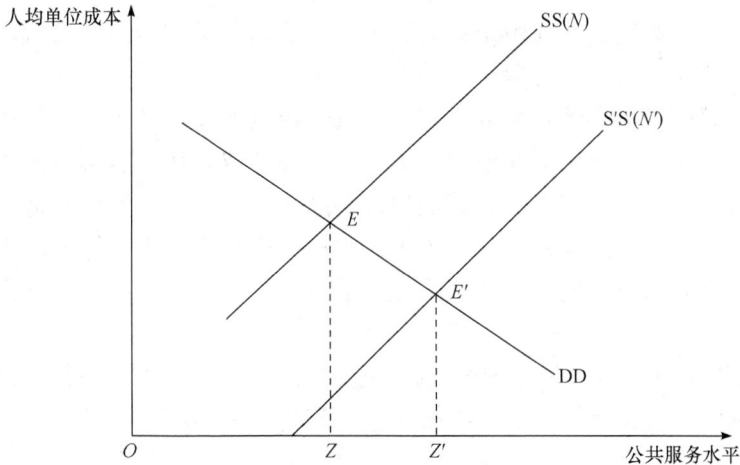

图 2-3 最佳公共服务供给水平

5. 最佳结构

NN：在各种公共服务水平上的最佳社会规模。

QQ：在各种社会规模上的最佳劳务水平。

E：既定的公共服务水平上最佳的社会规模（图 2-4）。

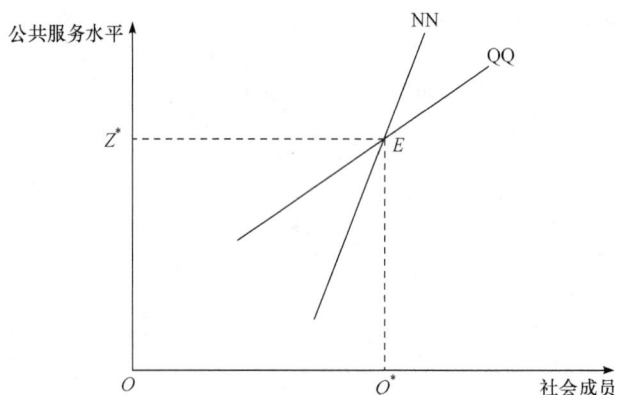

图 2-4　既定的公共服务水平上最佳的社会规模

三、布坎南的分权俱乐部理论及地方公共产品的最优供给

俱乐部理论最早可追溯到 20 世纪 20 年代初期 A. C. 庇古与 F. 奈特有关对拥挤的道路征收通行费的论述。现代俱乐部理论的真正奠基人是布坎南与蒂布特。俱乐部理论的基本目的是研究非纯公共产品的配置效率问题。

（一）俱乐部均衡的布坎南模型

布坎南的创始性研究解释的是俱乐部的自身问题，不考虑俱乐部与外部的联系，因而被称为内俱乐部理论。在俱乐部研究上，布坎南既是创始人，又最具有代表性与影响力，其后的很多研究与之紧密相关。

俱乐部规模包括提供的物品数与容纳的成员数两方面。如果只从俱乐部成员的角度考虑，俱乐部成员的效用同时取决于俱乐部物品与成员数。若俱乐部物品太多，则私人物品消费量少，故效用不高；若俱乐部物品太少，则效用同样较低；若俱乐部成员太多，就会因拥挤而减少效用；若俱乐部成员太少，则每人分摊的成本较高，也会减少效用。所以俱乐部中的物品与成员数应适度，并且应同时决定，即俱乐部有一个最佳的规模。

政府的辖区规模推论如下：研究单一纯公共产品，考虑这种公共产品供应的报酬递增与一个辖区内人口增加时劳动报酬递减之间的权衡问题。

一个社区中的总产出 Y 既可用作私人消费，每个私人消费品 X，也可作为该社区的公共产品 G。假定这一产出是该区人口 N 的递增函数：

$$Y = f(N),\ f'(N) > 0,\ f''(N) < 0$$

这里，当 $N \to 0$，$f \to 0$；当 $N \to \infty$，有 $f \to \infty$ 和 $f' \to 0$。根据社区中的所有人均相同和得到同样对待这一假定，总和的生产约束条件为 $Y = XN + G = f(N)$。

对于固定的 N 来说，定义了如图 2-5 所示的固定人口下的消费机会集合。

即假定个人具有相同的偏好，这种偏好用效用函数 $U(X, G)$ 表示。如果政府选择 G

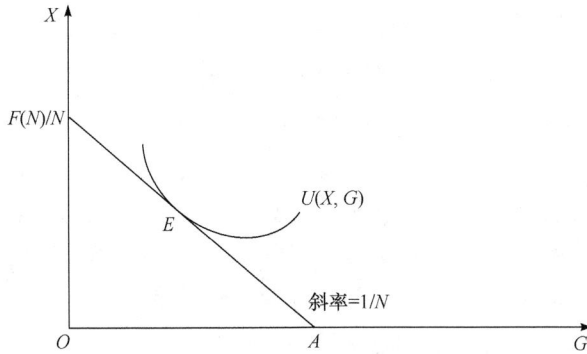

图 2-5 固定人口下的消费机会集合

使给定水平 N 下的 U 达到最大，这样便得到图 2-5 上的切点 E，U 的最大值条件为 $U_X = NU_G$ 或 $\dfrac{NU_G}{U_X} = 1$。

这是边际替代率之和等于边际转换率的通常结果（$\sum\text{MRS} = \text{MRT}$）。

当增加 N 时，产出以及公共产品的最大水平相应增加（因为 $f'(N) > 0$）。但人均消费的最大水平（即 $F(N)/N$）下降。可变的机会轨迹是固定 N 的机会轨迹的外包络线，见图 2-6。取 G 的一个固定值，然后 N 使 X 达到最大，便可得到这种包络线的特征。

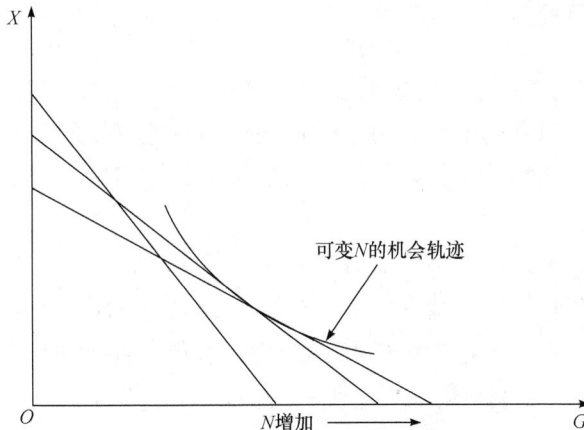

图 2-6 可变人口的机会集合

由于

$$X = \frac{f(N) - G}{N}$$

则一阶条件暗含着

$$f'(N) = \frac{f(N) - G}{N} = X$$

或

$$G = f - Nf'(N)$$

由于 $f'(N)$ 是劳动的边际产品，如果将工人的边际产品支付给他们，则 $f - Nf'(N)$ 为产出减去工资支出。因此，如果公共支出水平固定不变，而人口可变，则使人均消费达到最大时的人口就是使土地租金（也可以是向居民征收的税收）与公共产品支出相等的人口。这已被称为"亨利·乔治"定理（Arnott and Stiglitz，1979），因为土地税不仅是非扭曲的，还是用于提供公共产品所需的"单一税"。

（二）一般俱乐部理论的推论

从关于俱乐部的一般模型中，可以看到其种种具体经济含义。

（1）成员特性的作用。成员是否同质，对俱乐部特性的影响是不同的。

（2）排斥成本问题。排斥成本指的是建立与维护一种机制，用以限制俱乐部利用率或增加成员数的成本，前面的一般模型中未考虑到这一成本，引入这一成本后，一些结论也许要修改。

（3）关于不同组织结构的效率问题。私人经营不管是由成员合作经营还是由企业经营，都可能实现配置效率。这说明非纯公共产品并不必然意味着市场失灵，并不意味着政府干预的必要性。

四、蒂布特的"以足投票"理论和个人偏好不同时政府规模确定

蒂布特在 1965 年《一个地方财政支出的纯理论》里提出"以足投票"这一观点。人们愿意聚集在某一地方周围，是由于他们在全国各地寻找地方所提供的公共产品服务与所征的税收最优化的结合，以便使效用最大化目标实现，其论证过程如下。

理论假设如下。

就均衡而言，一种给定类型的所有人必定在他们生活的所有社区中具有相同的效用，并且明确知道在其他任何社区中自己将获得较低的效用。因此对所有的社会成员 i：$U_i^m = U_*^m$（U_*^m 表示对于社会成员 i 的消费而言，消费 m 时的最大效用），以及 $U_i^n = U_*^n$（U_*^n 表示对于社会成员 i 的消费而言，消费 n 时的最大效用）。

寻求给定社区的福利最大化问题，则

$$U^m\left(X^m, G\right)$$

约束条件：$U^n\left(X^n, G\right) \geqslant U_*^n$ 以及 $f(m,n) = G + mX^m + nX^n$。

拉氏函数：$L = U^m + \lambda_1 U^n + \lambda_2\left[f(m,n) - G - mX^m - nX^n\right]$。

一阶条件为

$$U_X^m = m\lambda_2, \quad \lambda_1 U_X^n = n\lambda_2 \tag{2-1}$$

$$f_m = X^m, \quad f_n = X^n \tag{2-2}$$

$$U_G^m + \lambda_1 U_G^n = \lambda_2 \qquad\qquad (2\text{-}3)$$

对式（2-3）两边同时除以 λ_2，并根据 $U_X^m = m\lambda_2$、$\lambda_1 U_X^n = n\lambda_2$ 得出

$$\lambda_2 = U_X^m / m \text{ 和 } \lambda_2 = \lambda_1 U_X^n / n$$

代入其中，可以得到

$$\frac{mU_G^m}{U_X^m} + \frac{nU_G^n}{U_X^n} = 1$$

即通常所说的 $\sum \text{MRS} = \text{MRT}$ 且 $f - mf_m - nf_n = G$，即社会提供的公共产品服务正好等于私人被征的税收，"亨利·乔治"定理再次成立。

五、地方政府的规模：各国的实践

虽然从理论上来看，地方政府存在一个最佳规模问题，但从各国的实际情况来看，地方政府的规模彼此之间存在很大的差异和多样性，当然，这种差异不仅体现在各国之间的差异，也体现在一个国家内部的差异。很显然，地方政府人口规模上的巨大差异无法简单运用经济因素或我们前面所讲的各种分权理论加以解释，每个国家、每个地区都具有特别的社会经济和意识形态、传统影响等背景。

在大多数国家里，地方政府的规模都较小，以欧洲国家为例（表 1-1），每个地方政府的平均人口规模从不到 2000 人（如法国、冰岛、希腊）到超过 30 000 人（如葡萄牙、瑞典、英国等），其中，英国有最大规模的地方政府。然而，如果不看平均人口规模，有些国家的地方存在众多小型地方政府的情况。有些国家超过半数的地方政府（如自治市镇）的居民人口少于 1000 人。当然也有另一个极端，有些国家的绝大多数地方政府的居民人口都超过 10 000 人。因此，不同国家之间和国家内部都存在着较大的差异性。

表 1-1　欧洲主要国家地方政府的数量（1990 年）

国家	地方政府的平均人口规模/人	地方政府人口规模比例				
		低于 1 000（含）人	1 001～5 000 人	5 001～10 000 人	10 001～100 000 人	超过 100 000 人
奥地利	3 340	25.8%	65.7%	5.6%	2.7%	0.2%
比利时	16 960	0.2%	17.1%	29.0%	52.3%	1.4%
保加利亚	3 500	0	8.2%	21.9%	63.6%	6.3%
捷克 [a]	13 730	79.8%	15.9%	2.1%	2.1%	0.1%
丹麦	18 760	0	7.0%	44.0%	47.6%	1.4%
芬兰	10 870	4.9%	44.6%	26.3%	22.9%	1.3%
法国	1 580	77.1%	18.1%	2.5%	2.2%	0.1%
德国 [b]	4 925	53.6%	30.4%	7.1%	8.4%	0.5%

国家	地方政府的平均人口规模/人	地方政府人口规模比例				
		低于 1 000（含）人	1 001～5 000 人	5 001～10 000 人	10 001～100 000 人	超过 100 000 人
希腊	1 700	79.4%	17.3%	1.3%	1.9%	0.1%
匈牙利	3 340	54.3%	37.1%	4.2%	4.1%	0.3%
冰岛	1 330	83.3%	13.2%	1.5%	1.5%	0.5%
意大利	7 130	23.9%	49.0%	14.2%	12.2%	0.7%
卢森堡	3 210	51.0%	41.0%	5.0%	3.0%	0
马耳他	5 425	11.0%	45.0%	28.0%	16.0%	0
荷兰	23 200	0.2%	11.0%	27.6%	58.4%	2.8%
挪威	9 000	3.9%	52.4%	21.4%	21.6%	0.7%
波兰	15 560	0	27.7%	47.3%	23.3%	1.7%
葡萄牙	32 300	0.3%	8.2%	25.0%	59.0%	7.5%
斯洛伐克	1 850	67.7%	27.9%	1.8%	2.5%	0.1%
西班牙	4 930	60.6%	25.6%	6.4%	6.7%	0.7%
瑞典	30 040	0	3.1%	19.2%	73.8%	3.9%
瑞士	2 210	59.5%	31.5%	5.3%	3.5%	0.2%
土耳其 c	23 340	0.1%	0	79.3%	17.2%	3.4%
英国 d	118 440	N.a.	N.a.	N.a.	N.a.	N.a.

资料来源：欧洲委员会（Council of Europe）［转引自贝利（2006）］

注：本表数据仅为展示不同国家地方政府的规模差异性，虽然数据的年份较早，但不影响目的。N.a.表示数据无法获取

a 1991 年 1 月 1 日数据

b 数据包括整个德国

c 土耳其的数据无法划分为 1001～5000 人和 5001～10 000 人

d 英国所有的地方政府的规模都在 10 000 人以上，1990 年的平均人口规模情况如下：英格兰为 127 000 人，苏格兰为 91 620 人，威尔士为 75 370 人。从 1990 年到 1995 年，英国地方政府的平均人口规模由 118 440 人上升为 139 300 人

　　合理设置地方政府的规模，主要考虑的是政府提供公共服务的效率问题，就公共消费品而言，消费者的意愿或偏好一般具有明显的地域性，而地方政府的设置应该恰好能顺应其区域利益，提高资源配置的效率。当然，除了效率外，还要考虑以下因素（李萍，2006）。

　　（1）人口因素。政府主要的职责是改善居民的福利，所以人口因素就成为重要的参考因素。地理因素虽然也是设置政府层次和规模的重要因素，但社会毕竟是特定的人类社会，因此，地理因素并不是第一位的决定因素。

　　（2）行政成本。在一定的范围内，政府管辖范围越大，其成本可能就越小。如前

面所说的，组建政府存在规模经济问题。不过，就成本比较而言，一个很重要的问题是要区分政府提供服务与政府购买服务两个不同的概念。按照传统观念来看，如果政府负责某种公共服务，如垃圾处理，那么政府就应该实实在在地雇用人员并进行监督管理，以便提供较好的公共服务。但是，近年来西方发达国家政府更多地采取向私人购买公共服务的方式，这就使得研究下级政府的合理规模更为复杂。如果没有购买服务的因素，那么规模更大的政府显然具有提供公共服务的规模经济优势。但将公共服务的生产委托承包给私人后，规模经济问题在一定程度上就成为私人生产的规模经济问题了，而不一定是决定政府合理规模的一个重要因素。

（3）最佳规模。提供某种特定公共服务所需要的最优政府规模也显示了这样一种假设，即不同的政府服务项目要求不同的政府最优规划。政府层次划分太多会使行政管理成本难以有效分摊，也会使选民无所适从。更重要的是，许多公共服务是相互交叉的，如路灯和道路、垃圾收集和街道清理。如果这些交叉的服务发生了，那么由一级政府管理显然更为有效。这样，许多国家最终选择组建一级或很少几级地方政府。其道理大体是按照政府主要职能设定较为合理的政府层次以使公共服务的提供达到最优水平，而将那些一般性服务职能配置给能够较好完成的政府层级。

第三节 地方财政职能

政府职能在不同层级的政府之间划分主要从职能实现的工具及其有效性方面来进行分析。一般而言，凡是由中央政府掌握相应的调控工具（如货币政策工具）的职能，以及调控性强或具有全国性意义的，就应该由中央政府行使。收入分配、宏观调控和资源配置都是政府的重要职能。收入分配与宏观调控职能主要由中央政府行使，而资源配置职能则根据资源配置的有效性及成本效益的对等性分别由不同政府实施，地方政府主要是在较小的范围之内进行资源配置。

财政作为政府宏观调控的一个主要工具，政府的职责在很大程度上由财政的职能加以体现，各级政府的职责有所不同，体现为财政三大职能在各级政府的分配上也有所差异。

一、资源配置职能

资源配置考虑的问题有三点，一是资源在政府与市场之间进行分配，二是政府资源由哪级政府进行配置，三是如何提高地方政府资源配置的效率。第一点所考虑的是政府与市场的关系问题，它要求政府要"有所为，有所不为"，是政府职责范围以内的，政府应承担其应有的责任，这就是"有所为"；当属于市场机制进行调节的，政府应不加以干涉，做到"有所不为"，这一点考虑的是政府的职能问题。第二点则是考虑中央政府与地方政府何时中央政府"有所为"，何时中央政府"有所不为"；何时地方政府"有所为",何时地方政府"有所不为"。这也是本书所考虑的主要方面。可以根据不同类别的公共产品及公共产品的受益空间的层次性来决定不同的公共产品应由哪级政府提供。

（1）纯公共产品的提供。纯公共产品的提供根据公共产品的层次性与成本收益的内在化、成本收益对等的原则决定由哪级政府提供。有一些公共产品，在全国范围内所有的居民都能平等地享受，其受益范围是全国性的，只有中央政府才能了解这些公共产品的需求情况，因而对于全国范围内受益的，由中央提供，如国防和基础教育等公共产品主要由中央政府提供。对于地方范围内受益的，由地方政府提供，主要是相对于中央政府而言，地方政府更能了解本地区居民的需求，所提供的公共产品效率更高。

（2）混合品的提供。一般的混合品存在非竞争性和外部性的特征，混合品的提供较为复杂，但通常由地方政府提供。

（3）公共生产。自然垄断、地域性较强的公共生产，按垄断、地域性范围的大小确定由中央政府还是由地方政府来实施生产。

关于如何提高地方政府资源配置效率问题，可以从两个方面来分析。一是如本章第二节里所分析的，地方政府有一个适当的规模问题，由于地方政府提供的公共产品一般具有俱乐部特征，存在规模经济与拥挤的权衡问题。因此，合适的地方政府规模，或者说是地方政府提供适量的地方公共产品是提高地方政府资源配置效率的关键。二是应根据地区发展阶段和发展战略，优化地方政府财政支出结构，确保地方政府财政支出符合民众预期。同时加强预算的绩效管理，提高该地方政府各项支出的使用效率。

二、收入分配职能

财政的收入分配职能主要是指政府通过税收、转移支付等手段进行收入再分配，使收入差距维持在现阶段社会居民所能接受的合理范围内。

在市场机制条件下，收入分配主要通过要素投入的多少，按照价格机制进行分配，如工人获得工资，资本所有者获得利息，土地所有者获得地租。但由于各要素在各所有者之间的分配存在先天性的不平等，因而各要素所有者凭借不同的要素条件参与分配所获得的收入也就存在不公平等现象，这种不公平是市场机制无法解决的，需要政府加以干涉。

收入分配职能不能由地方政府来实现，关于这一点可以从地方政府实行此职能的无效性或有效性的角度来进行分析。如果政府实行倾斜性的政策，如不同地区间实行不同的税率、不同的公共服务，都会影响到正常的市场机制或消费者的选择，一般是将高收入者的收入通过累进税转移给低收入者，如果收入分配职能由地方政府实行，各地方政府做法不一，会导致"以足投票"的情况出现，单纯以行政级别低的地方政府行使分配职能是低效的。由蒂布特模型可知，如果税率等由地方政府自主确定，则人们对不同的地方税率和辖区间的不同支出的反应是，从一个辖区迁移到另一个辖区，促进公共部门的资源达到有效配置。

三、宏观调控职能

宏观调控职能包含实现充分就业、物价稳定和国际收支平衡等多重含义。政府的宏观调控职能，应由中央政府来承担，理由如下。

（1）总供求平衡关系到全局及国家整体的利益。宏观调控的目标集中体现在社会总供给和社会总需求的大体平衡。它是其他目标的基础，一般而言，如果社会总需求平衡了，物价就会保持稳定，而充分就业与国际收支平衡也就不难实现。财政政策是使社会总供给与总需求维持平衡的一个重要手段，当社会总供给小于总需求，社会出现供给不足、需求过旺时，政府可以通过实行紧缩的财政政策，减少财政支出、增加税收以实现总供求的平衡；反之，当社会总供给大于总需求时，政府则可以通过增加财政支出、减少税收等方式刺激需求，实现总供求的大体平衡。由于总供求的平衡关系到整个国家全局性的利益，由中央政府进行调整效果更佳。

（2）地方政府实行宏观调控职能会导致贸易漏损（trade leakage）。对于全国性市场而言，一个地区的贸易政策、税收政策等发生变化时，其影响不仅局限于本区域范围内，还将会对该区域以外的居民产生一定的影响。如一个地区实行减税政策以增加本区域需求，促进本地区经济发展，但政府的这一政策有可能不能很好地实现，因为本地区新增加的需求可能用于购买其他地区的产品及服务，这样就出现了政策的贸易漏损，其他地区的供货方在没有付出任何代价的情况下销售额增加。

（3）地方政府难以进入全国性的资本市场。政府宏观调控经济的职能主要通过政府所掌握的资源来加以干涉。一方面，政府可以通过公开市场业务，对资本市场进行干预，以实现其调控目标。而这一点，只能由中央政府来进行，因为地方政府难以进入全国性的资本市场中，难以对资本市场进行干预。另一方面，政府可以在全国性的资本市场里筹集资金，如通过发行国债筹集资金；在2014年以前，地方政府不能发行地方政府债券，难以在全国市场上通过发行债券筹集资金。2014年修正的《中华人民共和国预算法》（以下简称《预算法》）规定，地方政府可以通过发行地方政府债券举借债务，但要严格按照全国人大批准的限额举借地方政府债务，且举借的债务应当有偿还计划和稳定的偿还资金来源，有限制性的用途，只能用于公益性资本支出，不得用于经常性支出。

（4）地方政府不具备宏观调控的两大政策手段。政府对宏观经济进行调节的两大政策手段分别是财政政策与货币政策，由于货币政策由中央政府掌握，如由地方政府实施稳定的职能，但因地方政府不能对货币政策进行有效调整，无法控制基础货币的发放、存款准备金率的高低等，故地方政府不能实现财政政策与货币政策的配合，无法较好地实现政府调控经济的目的。

（5）以邻为壑政策。地方政府如实行宏观调控经济的政策，有可能会出现以邻为壑的现象。地方政府所提供的公共产品受益范围的局限性，在一定程度上形成了不同的地方政府所提供的公共产品之间的竞争，美国经济学家蒂布特教授认为，各个地方政府之间的相互"竞争"，也会促使其更有效地提供人们所需要的公共产品和服务。这就是蒂布特模型的基本内涵。蒂布特指出，社会成员之间消费偏好的不同和人口的流动性，制约着地方政府生产和提供公共产品的种类、数量和质量。如果有许多地方政府和相应的辖区，并且各地方政府分别提供类型各异的公共产品，那么，对于每一个人来说，哪个地方提供的公共产品最适合其需要，他就会选择前去哪个地方居住。这种"以足投票"的方式，表明了人们对某种公共产品的消费偏好，就如同人们表明自己对市场上某种私人品的消费偏好一样。对利润最大化的追求，刺激着地方政府力求提供适合本地居民消费偏好的公共产品。这种刺激，就是居民的投票，实际上也是一种公共选择。地方政府为了赢得（或者说是迎合）民意，就必须在行使其职责的过程中充分考虑居民的消费偏好。"以足投票"现象的存在，不仅是地方政府提高其服务水平与服务质量的一个重要原因，同时也会导致出现以邻为壑的政策，各地方政府采取的政策行动尽管对本地方经济有利，却损害了其他地区的经济。

复习思考题

1. 地方性公共产品有哪些特性？
2. 地方政府的财政职能有哪些？

第三章

财 政 体 制

教学目标

1. 掌握财政分权如何衡量。
2. 了解财政收支划分的原则。
3. 了解中国财政体制变迁历程。

财政体制是处理各级政府之间财政关系的一种制度安排，其中，中央与地方政府的财政关系是财政体制的一个重要组成部分。中央与地方政府财政关系主要体现在各级政府间事权与支出责任的划分、税收权限和收入范围划分、转移支付等内容上，而这些内容又和集权与分权密不可分。当然，集权与分权的程度受国家政体组织形式的影响。

第一节 政府间财政关系的基本模式

国家政体组织形式通常划分为单一制、联邦制，下面分别就不同政体组织形式下的各级政府权责划分，尤其是财政权力划分进行分析。

一、单一制国家及政府间财政关系

单一制是一种国家结构形式，指由若干不享有独立主权的一般行政区域单位组成统一主权国家的制度。单一制国家划分为各个地方行政区划，其划分是国家根据统治需要，按一定原则进行区域划分的结果，地方行政区不是一个政治实体，不具有任何主权特征。国家本身是一个统一整体，只是为了便于管理，才把领土划分成若干行政区域，并据以建立起地方政权，即各地方行使的权力来源于中央授权，并不是地方固有，地方的自主权或自治权是由国家整体通过宪法授予的，各地方一般没有单独退出该国的权利。

（一）单一制国家的特征

一般而言，单一制国家具有如下特征。

（1）从法律体系上看，国家只有一部宪法，由统一的中央立法机关根据宪法制定法律。

（2）从国家机构组成看，国家只有一个最高立法机关，一个中央政府，有一套完整的司法系统。

（3）从中央与地方的权力划分看，实行中央统一集权，地方政府的权力由中央政府授予，接受中央政府的统一领导，整个政府实行层级控制，对地方政府不适当的行政行为，中央政府有权撤销。

（4）中央集权的同时也实行某种程度的地方自治。

（5）中央政府统一行使外交权，地方政府机关对外不具有独立性。

中华人民共和国是全世界最大的单一制国家，世界上绝大部分国家的结构形式也都采用单一制，如英国、法国、日本、意大利、韩国、朝鲜等都是单一制国家。

（二）不同类型的单一制国家及其政府间财政关系

单一制并不一定意味着集权，也存在地方分权型单一制国家和中央集权型单一制国家。

1. 地方分权型单一制国家

地方分权型单一制国家也称非中央集权型国家，主要代表是实行地方自治的意大利、英国、瑞典、挪威、日本等，其共同特点如下。

（1）在确立为单一制国家的同时，明确规定实行地方自治。如英国素有"地方自治之家"的称号，英国的地方政府被公认为富有自治精神的传统。英国全称"大不列颠及北爱尔兰联合王国"，由实行自治的英格兰、苏格兰、威尔士和北爱尔兰联合而成，英国没有一部综合性的成文宪法，有关政府结构、权力及运行原则的规则散见于各种法律文件中。

（2）地方政府一般具有双重身份，既是地方自治机关，在法律范围内享有自主管理地方事务的权力，又是受中央政府统一领导的地方政权机构，执行中央政府委托的职能。

（3）中央政府对地方政府有较为严格的监督和控制手段。以英国为例，中央对地方的控制主要有四个方面：第一，财政手段，即拨款控制、借款控制和账目审查；第二，行政手段，中央政府在一定程度上控制地方政权机构，中央可以剥夺或转移或暂停地方机构的权力，其理由往往是地方机构官员没有履行中央委托给他们的责任；第三，立法手段，即对地方立法的控制；第四，司法手段，地方政府的职责都由法律、命令规定，对地方政府的越权行为，中央可以剥夺或转移或暂停地方政府的权力。

2. 中央集权型单一制国家

中央集权型单一制国家是指单一制国家结构下地方政府受中央政府严格控制的一种类型。这种国家在当代分布较广。如法国、一些亚非拉发展中国家、变革前的一些东欧国家等，其主要特征如下。

（1）法律上不规定实行地方自治，或者虽然在法律上规定地方自治，但因各种限制而致使地方自治处于名存实亡的状态。

（2）中央政府采取各种手段严格控制地方政府。如在法国，中央政府对地方政府采取多种形式的监督和控制，如立法监督、行政监督、财政监督等。

立法监督是指共和国专员如认为地方的某项行政规章不合法，可以向行政法院提起诉讼，在法院审查期间，专员可要求暂停实施该项规章。

行政监督是指中央政府在大区和省设有大区长、省长（统称为共和国专员），共和国专员作为中央代表，不担任地方行政首脑，只在履行国家职能时发挥领导和监督作用，负责从行政上监督地方，有权为维护地方治安、安全、公共保险和卫生采取相应措施。

财政监督是指中央政府通过大区审计庭对地方行政单位、公立公益机构的财政开支进行监督，如其违反预算条例，大区审计庭有权进行干预。中央政府还通过发放贷金和补助金来控制地方财政，由于地方财政对此依赖很大，中央政府须严格控制和监督地方政府对贷金及补助金的使用。

从以上两种单一制的国家来看，它们有一定的共同点，从地方政府的权限看，地方政府的权限来自中央；从地方与中央的关系看，地方在总体上从属于中央，是中央的创造物，但地方在个别事项上有独立性，拥有某种程度的自治；从财政角度看，地方有部分自主，但需接受中央的大量补助；从地方官员的选择方式看，均是选举与任命相结合。

二、联邦制国家及政府间财政关系

联邦制国家是复合制国家的一种，又称联盟国家。联邦制，是由两个或两个以上的政治实体结合而成的一种国家结构形式,联邦成员原为单独的享有主权的政治实体，加入联邦后把一部分权力交给联邦政府，同时保留部分管理内部事务的权力。

联邦制国家各构成单位政府，不同于单一制国家的地方政府，它们在国家中具有很高的、独立的地位。在当今世界近200个国家中，虽然只有20多个联邦制国家，可是，它们的人口总数在22亿人以上，而且占了世界大约1/2的土地。美国、澳大利亚、阿根廷、俄罗斯、加拿大、巴西等国家均为联邦制国家。

（一）联邦制国家的特征

一般而言，联邦制国家有如下特征。

（1）国家具有最高立法、行政和司法机关，行使国家最高权力，各联邦组成单位也有自己的立法、行政和司法机关，这些机关与中央机关之间没有隶属关系。

（2）国家有统一的宪法和基本法律，在此前提下和范围内，各联邦组成单位有自己的宪法和法律。

（3）国民既有联邦国籍又有联邦成员的国籍。

（4）联邦是国际政治的主体，外交权属于联邦政府，但在宪法的范围内，联邦成员也可以有一定的对外交往独立性。

（二）联邦制国家的政府间财政关系

（1）国家整体与组成部分之间是一种联盟关系，联邦政府行使国家主权，是对外交往的主体。

（2）联邦各成员有自己的立法、行政和司法机关，有自己的宪法、法律和统一的国籍，管理本地区内的财政、税收、文化、教育等公共行政事务。

（三）单一制国家与联邦制国家地方政府的区别

单一制国家与联邦制国家有本质上的区别。从性质和功能上说，单一制国家的地方政府是实现全国政府目标的手臂，联邦制国家各构成单位政府却并非如此。根据联邦制原则，全国政府与构成单位政府并不是核心与边缘、上级与下级的关系，而是具有不同权力、职能范围的政府之间的关系。它们彼此独立，权力都有限制。各构成单位也是国家主权的组成部分，因为它们与联邦在不同范围内分别行使统治权。当然，它们也不是国际法意义上的独立、主权国家。并且，联邦是全体人民建构的永久性共同体，是任何构成单位或群体无权随意取消的主权国家。

三、财政的集权与分权

无论是单一制国家还是联邦制国家，其在处理财政关系时都会面临是中央集权还是地方分权的问题。财政集权与分权是相对概念，财政分权一般是指中央政府给予地方政府一定的财权和支出责任范围，允许地方政府自主决定其预算支出规模和结构。而财政集权则是财权由中央政府掌握，地方政府只作为中央的派出机构，执行中央政策，其收入上缴中央，支出在中央规定的标准和范围内进行，并接受中央的监督。地方政府分权与中央政府集权的理由已在前面有所论述，集权与分权用哪些指标来加以衡量，实践中应该是集权多还是分权多，各国均有不同。

（一）衡量指标

衡量集权与分权的指标没有统一的标准。但也并不是说就没有标准或规则可循，一般采用"收入分权度"与"支出分权度"这两个指标来衡量集权或分权，除了这两个可计量指标外，税收权划分也是一个重要的度量标准。

1. 收入分权度

收入分权度是指一国的税收收入总额中地方政府税收分享的份额，地方政府税收分享的份额越大，表明财政分权程度越强，反之则越弱。

2. 支出分权度

支出分权度一般是指国家财政总支出中地方政府所分担的份额。地方政府支出所占的份额越大，也就意味着地方政府在提供公共产品上有越多的决定权。

当然，在分析的过程中，由于政府间的转移支付一般都直接（如专项拨款）或间接（如有条件转移支付）受到上级政府的制约，所以这部分收入和支出不应该计算入地方政府能够自由控制的资源中，因此在计算分权度时，地方财政总收入或总支出应该减去中央对地方的转移支付。

3. 税收权划分

除了以上两个度量标准外，衡量财政集权与分权还有一个更重要的指标，即税收权划分。税收权指与征税有关的权力，包括税收立法权、税收政策制定权和税收征收管理权三个方面。具体内容为税收的立法、开征、规定税率或征税范围、调整税率或征税范围等方面的权力。如果税收权限完全收归中央，则是典型的财政集权，如果地方政府有一定的税收权限，就有一定程度的财政分权。

当然，如前所述，财政集权与分权是相对的，无法用收入分权度或支出分权度达到百分之多少来判断是集权还是分权，或者分权是多了还是少了。但通过以上三个指标的综合判断，至少能判断出在哪种情况下是财政集权，哪种情况下是财政分权，或者是向集权方向前进了还是向分权方向有所变化。

（二）集权与分权的协调

虽然财政集权与财政分权各有其存在的理由，但现实中较少有完全意义上的集权和分权，而是两者相互协调。因为在过度集权的情况下，地方政府仅为中央的派出机构、代理机构，缺乏独立的经济利益，缺乏财政自主权，完全依附于中央。为实现资源的有效配置，中央政府必须了解地方民众的偏好，但中央政府并不是万能的，会存在信息失灵，因此财政集权会降低资源配置的效率。

而过度的分权，会使地方政府完全独立于中央政府，财政收入的征收权完全分散到地方政府手中，中央的任何支出都需要地方政府的财政资助。在这种情况下，中央政府实际上已经没有政治独立性，没有独立的财政权力，而无法行使其政府职能。

因此，现实生活中，各国在处理财政关系时基本上选择的是集权与分权相结合，或者集权多些，或者分权多些，但都不是绝对的集权或分权。

第二节　处理政府间财政关系的基本原则

各国政府间财政关系制度都与特定的政治、经济、文化与自然等国情条件紧密相关，并不存在一个可以复制的范本。但是，无论是政府间财政支出责任安排与收入划分，还是财政均衡制度选择，都有一些共同的规则，特别是规范、公正以及公共服务均等化等基本原理，都是各国在处理政府间财政关系时考虑的主要原则。

一、政府间财政支出责任划分的理论依据和基本原则

政府事权就是管理国家事务的权力，政府事权可分解为决策责任、筹资责任、管理责任和监督责任等。政府间事权配置主要是指每一级政府在公共服务供给中应承担的任务和职责。中央政府与地方政府的事权配置既受经济发展因素的影响，也受政治、文化、历史和传统因素的影响。从理论上来看，如前所述，公共产品理论是事权和财权配置的理论基础。当然，事权不等同于支出责任，但由于支出更易于衡量，一般倾向于用支出责任反映和衡量事权。政府间财政支出责任划分包括中央与地方政府之间的财政支出责任划分，以及地方上下级政府间的财政支出责任划分。当然，公共产品理论是政府间财政支出责任划分的理论基础。

（一）支出责任划分的理论依据

关于政府间财政支出责任划分理论，在西方经济学上大致有以下种类。

（1）受益范围论。埃克斯坦提出"按受益原则分权"的理论，即依照公共产品的受益范围有效地划分各级政府的职能。根据公共产品的特征和受益范围不同，以及各级政府职责的内在要求，一般而言，全国性公共产品规模效益较强，须由中央政府负责提供，如国防、外交；还有一些公共产品如义务教育、贫困和受灾地区的补助等，虽然只惠及某些人的利益，但它们对于全社会和国家的发展至关重要，也应当由中央政府提供。受益范围为地方的公共产品则应当由地方政府负责。马斯格雷夫等（2003）提出"以公共产品受益范围"划分政府间财政支出，认为大多数公共产品都有受益地区的空间限制，受益归宿的空间范围是公共产品在多级政府之间配置的依据，全国都能受益的公共产品应当由中央政府负责提供，受益范围仅限于某一区域的公共产品和服务由较低一级政府提供。对政府间财政支出划分最直接的研究者巴斯塔布尔，也提出政府间财政支出划分的受益、行动和技术三项原则。

（2）公共服务效率论。奥茨提出的"以公共服务提供效率"划分的理论，认为地方公共产品提供的范围与政府的管辖范围相一致是最有利于效率的，如果每一级政府都能提供帕累托最优的消费水平，即如果下级政府能够和上级政府提供同样的公共产品，由下级政府通过财政支出供给更好。

（3）支出规模论。塞利格曼（Seligman）提出"以支出的规模"划分政府间财政支出责任，认为规模较大的支出归中央财政，规模较小的支出归地方财政。

（4）外部性理论。费舍尔提出"以外部性"划分政府间财政支出责任，认为外部性较少和地方性较强的公共产品，如基础设施、警察、消防等更适合地方政府提供，反之则由中央政府支出。

（5）资源配置论。夏普提出"以资源配置"划分政府间财政支出责任，认为消费者的满足程度应该是选择资源配置取向的参照标准，从国家的经济职能看，实现宏观调控的职能和社会福利分配的职能由中央政府来完成。因为公共产品的消费者一般具有明显的地域性，地方政府恰好能敏感地顺应某区域的利益，取得资源配置的最好效果。

（二）支出责任划分的基本原则

（1）事权范围原则。事权是支出责任的依据，两者之间存在直接关系。政府间财政支出责任的划分首先要以政府间事权划分范围为原则。一是要按照各级政府的事权划分支出责任。按照政府事权的范围确定支出责任的归属，各级政府的支出责任不能越位、错位和缺位。二是事权与支出责任相适应。按照政府事权确定相应的支出责任，使各级政府的支出责任与其事权保持一致，杜绝事权大而支出责任小或支出责任大而事权小的不对称现象。

（2）外部性原则。根据公共产品的外溢效应确定政府间财政支出责任。公共产品分为全国性公共产品和地方性公共产品两大类，全国性公共产品具有外部性，地方政府不愿意提供，支出责任应划归中央政府；地方公共产品外部性较小或不具有外部性，事关某一地区，对全国影响不大，支出责任应划归地方政府。

（3）受益范围原则。根据公共产品的受益范围划分政府间财政支出责任，凡受益对象是全国公众或事关国家范围内的整体利益，支出责任应属中央政府；凡受益对象是地区性民众或与地方利益有直接关系，支出责任划归地方政府。

（4）效率原则。根据政府提供公共产品的效率高低来确定政府间财政支出责任，市场经济是讲究效率的，由中央政府提供效率更高的支出责任归中央，由地方政府处理效率更高的支出责任归地方。强调效率优先不是唯效率论，同时也要考虑公平问题。帕累托最优标准应该是效率与公平兼顾。下级政府能够和上级政府提供同样的公共产品，不一定由下级政府通过财政支出供给。有些公共产品虽然由地方政府处理效率高，但由中央政府处理更有利于公平，支出责任也应划归中央政府。

二、政府间财政收入划分的基本原则与主要税种的划分

在政府间财政关系中，政府间财政收入划分是最引人关注的问题，与政府间财政支出责任划分和均衡政府间财力的转移支付紧密相关。政府收入主要包括税收收入、非税收入等，由于非税收入在大多数国家所占比例较小，且按照受益范围和受益对象，归属关系较明显，故而大多数时候政府间财政收入划分主要讨论的是政府间税收收入划分。

（一）税收划分的基本原则

（1）马斯格雷夫的七项原则。马斯格雷夫认为，政府间税收划分应遵循七项原则：

①流动性强的税收最好划归中央，否则会引起资源在地区之间流动，扭曲资源在地区间的优化配置，中低级政府应对辖区间流动性低的税基征税；②应该让那些能够最有效地执行统一税基的辖区使用累进税率的个人所得税；③以保障收入再分配为目标的累进税应划归中央，因为对收入的再分配应该由中央政府在全国范围内调节，实现公平目标应该以全国为疆界；④用于稳定经济手段的税收应该划归中央，因为稳定经济是全国性的职责，应由中央政府履行，而具有周期性稳定特征、收入起伏不大的税收应归地方；⑤地区间分布不均的税源划归中央，否则会引起地区间税收收入不平衡；⑥依附于居住地的税收，如销售税和消费税，较适合划归地方；⑦受益性税收及收费对各级政府都适用。

（2）罗宾·鲍德威的六原则。世界银行专家罗宾·鲍德威等在考察研究了世界各国的财税体制后，提出了六条指导性意见，所反映的思想与马斯格雷夫的七原则大体一致。①所得税关系到全社会的公平，应划归中央；②为保证全国统一市场的形成和资源在全国范围内自由流动与优化配置，与此相关的资本税、财产转移税等税种也应划归中央；③对资源课税涉及公平与效率目标的权衡，资源税应由中央与地方共享；④具有非流动性特征的税收是地方政府收入的理想来源；⑤作为受益性税收的社会保障税，可由中央与地方协同征收管理；⑥多环节征收的增值税、销售税应划归中央，单一销售税、零售税等较适宜划归地方。

（3）杰克·M.明孜的五原则。加拿大学者杰克·M.明孜提出的税收划分的五原则是：①效率原则，税收划分要尽量减少对资源配置的影响；②简化原则，税制应简化，便于公众理解和执行，提高税务征管效率；③灵活标准，有利于各级政府灵活地运用包括预算支出、税收补贴等措施在内的一系列政策工具，使税收与事权相适应；④责任标准，各级政府的支出与税收的责任关系相协调；⑤公平标准，要使全国各地区间的税种结构、税基、税率大体上平衡，即各地居民的税负应平衡。

（4）塞利格曼的三原则。美国财政学家塞利格曼对税收划分提出了三项原则。①效率原则，即以征税效率的高低为标准来确定税种的归属。如果某种税由地方政府征收效率更高，更有利于税款的及时足额入库，就应将这种税划归地方税；相反，应划归中央税。②适应原则，即以税基的宽窄作为分税的标准。税基宽的税种为中央税，如印花税；税基窄的为地方税，如房产税。③恰当原则，即以税收负担是否公平作为划分的标准。使全国居民公平负担的税种应归于中央税，如果税源、纳税人只涉及部分地区和部分人的税种应划归地方税。

（二）主要税种的划分

根据税收划分的一般性原则，不同税种的税收权（税基、税率的决定权，征收管理权等）在不同层级政府配置如表3-1所示。

表 3-1 主要税种划分的一般性原则

税收种类	决定权		征收管理	评述
	税基	税率		
关税	F	F	F	国际贸易税
公司所得税	F	F	F	流动性因素、稳定的工具
资源税、资源租金（利润、收入）税	F	F	F	税基配置极不均衡
版税、规费、使用费、采掘税、财产税等	S, L	S, L	S, L	受益税、州和地方政府服务收费
自然资源保护税	S, L	S, L	S, L	保护地方环境
个人所得税	F	F, S, L	F	再分配、流动性因素
赠与税（对资本、财富、财富转移、继承和赠与的征税）	F	F, S	F, S	再分配
工薪税	F, S	F, S	F, S	社会保障性受益收费
增值税	F	F	F	潜在的稳定工具，在中央主管下可以按照疆域进行税收调整
单环节征税				
A 选择	S	S, L	S, L	较高的遵从成本
B 选择	F	S	F	和谐的、较低的遵从成本
不良行为税收				
烟酒消费税	F	F	F	健康责任
赌博税	S, L	S, L	S, L	州和地方政府责任
彩票税	S, L	S, L	S, L	州和地方政府责任
赛马税	S, L	S, L	S, L	州和地方政府责任
公害品税收				
二氧化碳	F	F	F	反污染
BTU 税 [a]	F, S, L	F, S, L	F, S, L	污染可能会影响全国、省和地方
机动车燃油	F, S, L	F, S, L	F, S, L	联邦、州和地方公路收费
废水收费	F, S, L	F, S, L	F, S, L	解决州际、城市间和地方的污染问题
拥挤收费	F, S, L	F, S, L	F, S, L	国道、省道和地方道路费
停车费	L	L	L	控制地方拥挤状况
机动车辆				
车辆登记和过户税，以及年费	S	S	S	州政府责任
驾照费	S	S	S	州政府责任
营业税	S	S	S	受益税
消费税	S, L	S, L	S, L	基于地方居民征税

续表

税收种类	决定权		征收管理	评述
	税基	税率		
财产税	S	L	L	完全非流动因素，受益税
土地税	S	L	L	完全非流动因素，受益税
店面修缮费	S, L	L	L	弥补成本
选举费	F, S, L	F, S, L	F, S, L	服务收费
使用费	F, S, L	F, S, L	F, S, L	就提供服务收费

资料来源：Shah（1994）

注：F 是联邦政府，S 是州政府，L 是地方政府

a 1993 年克林顿提出针对所有的燃料征收能源税，基本税率与其能源容量成比例，而这个能源的容量是根据英国热量单位（BTU）来计算的，故名为 BTU 税或克林顿税

表 3-2 从实证的角度列举了一些国家中央和地方政府间的主要税种划分的实际情况，基本上体现了税种划分的一般性原则。

表 3-2　一些国家中央和地方政府间的主要税种划分情况

税种	美国	加拿大	德国	日本	中国
关税	联邦	联邦	联邦	中央	中央
公司所得税	联邦、州	联邦、省	联邦、州	中央、地方	中央、地方
个人所得税	联邦、州、地方	联邦、省	各级	中央、地方	中央、地方
增值税		联邦	联邦、州	中央	中央、地方
销售税 a	州	省		中央、地方	中央
财产税	地方	地方	州、地方	地方	地方
对用户收费	各级	各级	地方	各级	各级

a 由于各国税制不一，销售税是根据商品买卖或劳动服务的流转额征收的税金，属于流转税的范畴。大多数国家主要指商品及服务税（goods and services tax，GST），也可称为消费税（consumption tax），在我国是消费税

第三节　中国财政体制变迁历程

财政体制的变迁在很大程度上可以归结为各级政府间的财政关系问题。中国经济体制改革以来，中央和地方政府的财政分配关系经历了多次重大改革，特别是 1994 年的分税制财政体制改革，在致力于政府间财力分配格局调整的同时，着眼于政府间财政分配关系的规范化、科学化与公正化，力图建立适应社会主义市场经济要求的财政运行机制。本节主要对 1978 年以来中国的财政体制改革进行概括的回顾。

一、1978年以前财政体制历史沿革

新中国成立后，我国财政管理体制曾经过多次改革，逐步形成了中央统一领导、统一计划下的分级管理体制。它保证了国家重点建设和兼顾了各地区、各部门以及其他各项事业的资金需要。1976年以来，为了克服原有体制财政集中过多，地方和企业缺乏必要自主权等弊端，又开展了较为全面的财政管理体制改革，其基本情况是：中央从1976年起，试行"定收定支，收支挂钩，总额分成，一年一定"（亦称"收支挂钩，总额分成"）的财政体制，按照各地财政支出总额对收入总额的比例，作为中央和地方、地方各级之间收入留交比例；超收时按总额分成比例分成，短收时按总额分成比例分担。

从1977年起，中央对江苏省试行"固定比例包干"（收支挂钩，总额分成，比例包干，几年不变）的财政体制，依据江苏省历史上地方财政支出占收入的比例，确定一个收入留交比例，一定四年不变。从1978年2月起，中央又在陕西、浙江、湖南、北京等地，试行"增收分成，收支挂钩"的财政体制，不论是否超收、短收，只要实际收入比上年有增长，增长部分按收支挂钩办法求出既定分配比例。

自1978年中国进行经济体制改革以来，中央和地方政府的财政分配关系经历了1980年、1985年、1988年和1994年四次重大改革。其中前三次体制改革具有一定的共性，就是实行对地方政府放权让利的财政包干体制；第四次则是适应市场经济体制的分税制财政体制改革，尽管其中还存在很多缺陷。

二、财政包干体制的沿革

1980年中国全面的经济体制改革以财政体制改革作为突破口率先进行。为了改革过去中央政府统收统支的集中财政管理体制，在中央和各省（自治区、直辖市）之间的财政分配关系方面，对大多数省（自治区、直辖市）实行了"划分收支，分级包干"的预算管理体制，建立了财政包干体制的基础。

从1982年开始逐步改为"总额分成，比例包干"的包干办法。1985年实行"划分税种，核定收支，分级包干"的预算管理体制，以适应1984年两步"利改税"改革的需要。1988年为了配合国有企业普遍推行的承包经营责任制，开始实行6种形式的财政包干，包括"收入递增包干"、"总额分成"、"总额分成加增长分成"、"上解递增包干"、"定额上解"和"定额补助"。

实行财政包干体制改变了计划经济体制下财政统收统支的过度集中管理模式，中央各职能部门不再下达指标，地方政府由原来被动安排财政收支转变为主动参与经济管理，体现了"统一领导、分级管理"的原则。地方政府财力的不断增强使其有能力增加对本地区的重点建设项目，以及教育、科学、卫生等各项事业的投入，促进了地方经济建设和社会事业的发展。财政体制改革支持和配合了其他领域的体制改革。财政体制改革激发出地方政府的经济活力，带动财政收入增长，为其他改革提供了财力

支持。

但是，包干体制注重政府间收入在所有制关系下的划分，缺乏合理依据，是政府间财政分配关系不稳定的重要原因之一。

首先，一对一讨价还价的财政包干体制缺乏必要的公开性。1980～1993年，中央与省政府的财政分配关系同时并存多种体制形式。不同体制形式对地方财政收入的增长弹性不一致，体制形式的选择也存在机会不均等，以及信息不对称和决策不透明等问题，这都导致财力分配不合理。更重要的是财政体制的决策程序采用一对一谈判方式，中央政府对地方的财政收支行为也缺乏监督和控制手段。

其次，基数核定方法不科学。基数核定指每一次体制调整都以地方政府以往的既得财力为基数。由于不同的财政体制形式对既得利益的形成作用程度存在差别，因此既得利益并非公正。同时，在税法相对统一，税收征管权力相对集中的背景下，经济发展水平差异决定各地方政府的税基规模，因此，既得利益中含有非主观努力的成分。保证既得利益的做法将这些因素固定化、合法化了。

再次，注重既得利益导致财政包干体制缺乏横向公平性。保证既得利益一直是贯穿财政体制改革的主线，使政府间财政分配关系始终围绕财力的切割、财权的集散而展开，较少考虑横向财政分配关系，没有完整的横向财政调节机制，调节地区间不平等和实现公共服务均等化的功能没有成为体制设计的政策目标。

最后，财力分散，中央政府缺乏必要的宏观调节能力。财政包干体制中上交中央的数额固定不变，因而中央财政在新增收入中的份额逐步下降，宏观调控能力弱化。同时财政包干体制还对产业政策产生逆向调节，地方政府受利益驱动支持高税率产业发展，导致长线更长、短线瓶颈制约更明显、地区间产业结构趋同。

三、分税制财政体制改革

为提高中央财政收入占全国财政收入的比例，实现政府间财政分配关系的规范化，1993年底进行了财税体制改革，拉开了分税制的大幕。通过调节地区间分配格局，促进地区经济和社会均衡发展，实现基本公共服务水平均等化、实现横向财政公平是政府的重要施政目标，也是分税体制的预想目标之一，但从实施情况来看，这一目标未能实现。

（一）1994年分税制财政体制改革的主要内容

首先是中央与地方政府的收入划分。结合1994年的税制改革，中央与地方的收入划分做了较大调整：将同经济发展直接相关的主要税种划为中央税，或中央和地方共享税，将适合地方征管的税种划为地方税。

中央税包括：消费税，车辆购置税、关税、进口增值税，铁道部门、各银行总行、各保险总公司集中缴纳的营业税、所得税、城市维护建设税，中央企业缴纳的所得税，中央与地方所属企业、事业单位组成的联营企业、股份制企业缴纳的所得税，地方银行、非银行金融企业缴纳的所得税，海洋石油企业缴纳的所得税、资源税，外商投资企业和外国企业所得税，个人所得税中对储蓄存款利息所得征收的部分，中央税的滞纳金、补税、罚款，证券交易印花税。

地方税包括：营业税、城市维护建设税〔不包括上述由国家税务局（现为国家税务总局）系统负责征收管理的部分〕，地方国有企业、集体企业、私营企业缴纳的所得税、个人所得税（不包括对银行储蓄存款利息所得征收的部分），资源税，城镇土地使用税，耕地占用税，土地增值税，房产税，城市房地产税，车船使用税，车船使用牌照税，印花税（除证券交易印花税），契税，屠宰税（2006年废止），筵席税（2008年停征），农业税（2006年停征）、牧业税及其地方附加，地方税的滞纳金、补税、罚款。

中央地方共享税包括：增值税2016年5月之前中央75%，地方25%，2016年5月1日全面"营改增"之后中央50%，地方50%；企业所得税与个人所得税，中央60%，地方40%。

其次，在政府支出方面，由于政府间事权划分没有新的实质性变化，因此，1994年的分税制财政体制改革，维持原有的中央和地方的支出划分格局。

根据中央政府与地方政府事权的划分，分税制财政管理体制中央财政主要承担国家安全、外交和中央国家机关运转所需经费，调整国民经济结构、协调地区发展、实施宏观调控所必需的支出以及由中央直接管理的社会事业发展支出。地方财政主要承担本地区政府机关运转所需支出以及本地区经济、社会事业发展所需支出。

再次，建立税收返还制度。为保证旧体制的地方既得利益格局，中央对地方净上划收入以1993年为基数给予地方政府税收返还；在此之后，税收返还在1993年的基数上逐年递增。如果1994年以后地方净上划收入达不到1993年的基数，则相应扣减税收返还。

最后，保留原体制的上解与补助办法，并在1995年建立了过渡期转移支付制度。

（二）1994年分税制财政体制改革的成效评价

与以往历次财政体制改革不同，1994年的分税制财政体制改革，是新中国成立以来调整利益格局最明显、影响最深远的一次。

首先，分税制财政体制改革使政府间财政分配关系相对规范化。分税制改变了原来的财政包干下多种体制形式并存的格局，使中央和省级政府间的财政分配关系相对规范化。

其次，中央政府财政收入占比明显提高。新体制对各级政府组织财政收入的激励作用较为明显。全国财政收入增长较快，特别是中央收入占比，以及中央在新增收入中所得份额都有明显提高，形成了较为合理的纵向财力分配机制。

最后，形成了普遍补助格局，初步建立了过渡期转移支付办法，为建立较为规范的横向财力均衡制度打下了基础。

（三）1994年后分税制的局部调整和改革

随着时间的推移，分税制在1994年的基础上进行了一些局部调整和改革，由于现行的中央与地方财政事权和支出责任划分在不同程度上存在不清晰、不合理、不规范等问题，如政府职能定位不清，中央与地方财政事权和支出责任划分不尽合理，不少中央和地方提供基本公共服务的职责交叉重叠，共同承担的事项较多；省（自治区、直辖市）以下财政事权和支出责任划分不尽规范；有的财政事权和支出责任划分缺乏法律依据，法治化、规范化程度不高。为此，2016年国务院印发了《关于推进中央与地方财政事权和支出责任划分改革的指导意见》，为科学合理划分中央与地方财政事权和支出责任，形成中央领导、合理授权、依法规范、运转高效的财政事权和支出责任划分模式，落实基本公共服务提供责任，提高基本公共服务供给效率，促进各级政府更好履职尽责，为未来政府支出责任的改革提出了改革的框架。

在收入划分上，企业所得税和个人所得税进行了调整，从2002年1月1日起，打破按隶属关系和税目划分所得税收入的办法，实施所得税收入分享改革，把企业所得税和个人所得税变成了共享税。对2002年的所得税增量，中央和地方各分享50%；对2003年以后的增量，中央分享60%，地方分享40%。中央增加的收入主要用于对中西部地区的一般性转移支付，以缩小地区差距。在具体税种上变动更大，如2006年全面取消农业税，自2009年起的增值税的转型、2016年全面推开的营业税改为增值税（即"营改增"）等。

在财政转移支付方面改革较大，1995年开始实行的过渡期转移支付，2002年改为一般性转移支付，2009年一般性转移支付改称为均衡性转移支付，财力性转移支付更名为一般性转移支付。但由于转移支付制度还存在一些问题，如转移支付结构不够合理，一般性转移支付项目种类多、目标多元，均等化功能弱化；专项转移支付涉及领域过宽，分配使用不够科学；一些项目行政审批色彩较重，与简政放权改革的要求不符；地方配套压力较大，财政统筹能力较弱；转移支付管理漏洞较多，信息不够公开透明等。2014年《国务院关于改革和完善中央对地方转移支付制度的意见》印发，在完善一般性转移支付制度的同时，着力清理、整合、规范专项转移支付，严格控制专项转移支付项目和资金规模，增强地方财政的统筹能力。

第四节　中国地方财政体制改革

省以下的财政体制又被称为地方财政体制，指的是省①与市（县）、市（县）与乡镇之间的关系。从我国的现状来看，中央和地方实行分税制财政体制，而省以下财政体制主要由省级政府确定。各省级政府在制定省以下财政体制时，大多参考中央与

---

① 本章所讲省即省级，包括省、自治区、直辖市。

省之间的财政体制，但具体而言各地又有不同的做法。

一、省以下政府间支出责任的划分

1994年分税制改革，对中央和省之间的事权划分没有做出重大调整，省以下的政府事权划分也承袭了原来的格局。一般而言，省以下政府间支出责任的划分概况如下。

省级主要承担省级国家机关运转所需经费，调整全省国民经济结构、协调地区发展，实施宏观调控等方面的支出以及由本级政府直接管理的事业发展支出。

地市州与县（市）级的支出责任主要包括本级行政管理费，农林水部门事业费，城市维护建设税，抚恤和社会福利救济，专项支出等。

省、县级政府共同承担的事务有基本建设支出，公检法司、文化、教育、科学、卫生、社保等各项事业发展支出。各级按照保发展、惠民生的要求，省、市级政府较大比例地承担农村义务教育中小学的生均公用经费补助、免费提供教科书补助、寄宿生生活费补助，农民参加新型保险补助，医疗公共改革支出等。

对于地方政法经费不足问题，根据《政法经费分类保障办法（试行）》的要求，政法机关人员经费和日常运行公用经费由同级财政负担，中西部困难地区通过中央财政一般性转移支付予以解决。办案（业务）经费和业务装备经费则由中央、省级和同级财政分区域按责任承担，其中，中西部地区县级、维稳任务重的地区及经济困难地区市（地）级公用经费中的办案经费（业务经费）和业务装备经费，由中央和省级财政承担一半以上，最高可达90%以上，其他地区则由中央财政予以奖励性补助。政法部门办公基础设施建设经费和各类基础设施维修经费由同级政府负担，中西部地区县级、维稳任务重的地区及经济困难地区市级业务基础设施建设经费，则由中央、省级和同级政府分区域按比例负担，中央和省级政府负担的比例最高可达90%以上。

但从现行的中央与地方财政事权和支出责任划分来看，还不同程度存在不清晰、不合理、不规范等问题，主要表现在：政府职能定位不清，一些本可由市场调节或社会提供的事务，财政包揽过多，同时一些本应由政府承担的基本公共服务，财政承担不够；中央与地方财政事权和支出责任划分不尽合理，一些本应由中央直接负责的事务交给地方承担，一些宜由地方负责的事务，中央承担过多，地方没有担负起相应的支出责任；不少中央和地方提供基本公共服务的职责交叉重叠，共同承担的事项较多；省以下财政事权和支出责任划分不尽规范；有的财政事权和支出责任划分缺乏法律依据，法治化、规范化程度不高。

为此，国务院在2016年印发《关于推进中央与地方财政事权和支出责任划分改革的指导意见》，在2018年颁布《基本公共服务领域中央与地方共同财政事权和支出责任划分改革方案》，明确基本公共服务领域中央与地方共同财政事权范围。对地方承担的基本公共服务领域共同财政事权的支出责任，省级政府要考虑本地区实际，根据各项基本公共服务事项的重要性、受益范围和均等化程度等因素，结合省以下财政体制，合理划分省以下各级政府的支出责任，加强省级统筹，适当增加和上移省级支出责任。各省相应制定了实施方案，如《贵州省省以下基本公共服务领域共同财政事权和支出责任划分改革方案（试行）》（以下简称《方案》），就省以下基本公共服务领域共同财政事权和支出责任划分就有如下规定。

（一）义务教育类

1. 公用经费保障。执行中央制定国家基础标准，所需资金中央与地方按8：2比例分担，地方应承担的20%部分按如下比例执行：省属学校由省级财政全额承担，市（州）所属学校由市（州）财政全额承担；集中连片特困地区65个县（市、区、特区）和黔东南自治州、黔南自治州、黔西南自治州的非集中连片特困县（市、区）所属学校由省、市（州）、县（市、区、特区）按8：1：1比例分担；其他县（市、区）所属学校由省、市（州）、县（市、区）按6：2：2比例分担；贵安新区所属学校由省与贵安新区按6：4比例分担。

2. 免费提供教科书。国家规定课程教科书和免费为小学一年级新生提供正版学生字典执行中央制定补助标准，所需资金由中央财政全额承担。省级地方课程免费教科书由省级制定补助标准，所需资金由省级财政全额承担。

3. 家庭经济困难学生生活补助。家庭经济困难寄宿生生活补助执行中央制定国家基础标准，所需经费中央与地方按5：5比例分担，地方应承担部分，由省级财政全额承担。

4. 贫困地区学生营养膳食补助。国家试点补助标准执行中央制定国家基础标准，所需经费由中央财政全额承担；地方试点由中央和省级给予定额奖补：中央补助每生每年400元，省级按照集中连片特困地区营养改善计划中央补助标准（每生每年800元）的30%（即每生每年240元）进行奖补。

（二）学生资助类

5. 中等职业教育国家助学金。执行中央制定国家基础标准，所需资金中央与地方按8：2比例分担，地方应承担的20%部分按如下比例执行：省属学校由省级财政承担，各市（州）所属学校由市（州）本级财政承担，县级所属学校根据当地财力分别确定省市县各级财政分担比例，其中：贵阳市、遵义市、六盘水市的县级学校由市、县（市、区、特区）各负担一半；安顺市、毕节市、铜仁市、黔东南自治州、黔南自治州、黔西南自治州的县级学校由省、市（州）、县（市、区）按6：2：2比例分担。

6. 中等职业教育免学费补助。执行中央的测算补助标准，所需资金中央与地方按8：2比例分担，地方应承担的20%部分按如下比例执行：省属学校由省级财政承担，各市（州）所属学校由市（州）本级财政承担，县级所属学校根据当地财力分别确定省市县各级财政分担比例，其中：贵阳市、遵义市、六盘水市的县级学校由市、县（市、区、特区）各负担一半；安顺市、毕节市、铜仁市、黔东南自治州、黔南自治州、黔西南自治州的县级学校由省、市（州）、县（市、区）按6：2：2比例分担。

7. 普通高中教育国家助学金。执行中央平均资助标准,所需资金中央与地方按 8:2 比例分担,地方应承担的 20%部分按如下比例执行:省属普通高中学校由省级财政承担,各市(州)所属普通高中学校由市(州)本级财政承担,县级所属普通高中学校根据当地财力分别确定省市县各级财政分担比例,其中:贵阳市、遵义市、六盘水市的县级学校由市、县(市、区、特区)各负担一半;安顺市、毕节市、铜仁市、黔东南自治州、黔南自治州、黔西南自治州的县级学校由省、市(州)、县(市、区)按 6:2:2 比例分担;贵安新区所属学校由省与贵安新区按 4:6 比例分担。

8. 普通高中教育免学杂费补助。执行省人民政府及其价格、财政主管部门批准的学费标准,所需资金中央与地方按 8:2 比例分担,地方应承担的 20%部分按如下比例执行:省属普通高中学校由省级财政承担,各市(州)所属普通高中学校由市(州)本级财政承担,县级所属普通高中学校根据当地财力分别确定省市县各级财政分担比例,其中:贵阳市、遵义市、六盘水市的县级学校由市、县(市、区、特区)各负担一半;安顺市、毕节市、铜仁市、黔东南自治州、黔南自治州、黔西南自治州的县级学校由省、市(州)、县(市、区)按 6:2:2 比例分担;贵安新区所属学校由省与贵安新区按 4:6 比例分担。

(三)基本公共就业服务类

9. 基本公共就业服务。各市县结合实际确定具体补助标准。省级按现行办法统筹中央和省级资金,主要依据常住人口、应届普通高校毕业生人数、新增就业人数等因素分配。

(四)基本养老保险类

10. 城乡居民基本养老保险补助。中央制定的国家基础标准部分由中央财政全额承担。省级统一出台政策提高标准所需资金,由省市县三级按 7:1:2 比例分担。对城乡居民按年及时缴费的,由省市县给予缴费补贴,对选择 100 元至 400元档次标准缴费的,按每人每年 30 元给予补贴,省市县三级各负担 10 元;对选择 500 元至 900 元档次标准缴费的,按每人每年 60 元给予补贴,省市县三级各负担 20 元;对选择 1000 元至 2000 元档次标准缴费的,按每人每年 90 元给予补贴,省市县三级各负担 30 元。

(五)基本医疗保险类

11. 城乡居民基本医疗保险补助。执行中央制定国家基础标准,所需资金中央与地方按 8:2 比例分担,地方应承担的 20%部分按如下比例执行:贵阳市按省、市、县(市、区)6.5:1.4:2.1 比例分担;遵义市、六盘水市、安顺市按省、市、县(市、区、特区)7:1.2:1.8 比例分担;铜仁市、毕节市、黔东南自治州、黔南自治州、黔西南自治州按省、市(州)、县(市、区)8.5:0.6:0.9 比例分担;贵安新区按省与贵安新区 7:3 比例分担。

12. 医疗救助。市县结合实际制定补助标准。省级按现行办法统筹中央和省级资金,根据市县财力状况、保障对象人数等因素分配。

（六）基本卫生计生类

13. 基本公共卫生服务。执行中央制定国家基础标准，所需资金中央与地方按8∶2比例分担，地方应承担的20%部分由省市县按6.5∶1.4∶2.1比例分担。

14. 计划生育扶助保障。

（1）计划生育奖励扶助。在中央制定的国家基础标准上适度提高省级标准。国家基础标准部分中央与地方按8∶2分担，地方应承担的20%部分和提标部分由省市县三级按5∶2.5∶2.5比例分担。

（2）计划生育特别扶助（独生子女死亡）。在中央制定的国家基础标准上适度提高省级标准。国家基础标准部分中央与地方按8∶2比例分担，地方应承担的20%部分和提标部分由省级财政全额承担。

（3）计划生育特别扶助（独生子女伤残）。执行中央制定国家基础标准，所需资金中央与地方按8∶2比例分担，地方应承担的20%部分由省级财政全额承担。

（七）基本生活救助类

15. 困难群众救助。省级制定城乡居民最低生活标准、孤儿基本生活最低养育标准；各市县按现行政策结合实际确定特困人员救助、临时救助、流浪乞讨人员救助补助标准。省级统筹中央和省级资金，根据市县财力状况、保障对象数量、工作绩效等因素分配。

16. 受灾人员救助。省级确定测算补助标准，各市县结合实际确定具体救助标准。对遭遇重特大自然灾害地区省级按规定启动应急响应，省级财政按省级标准给予适当补助，对遭遇一般自然灾害地区所需资金由当地财政承担。

17. 残疾人服务。各市县结合实际制定补助标准。省级统筹中央和省级资金，按照各市县财力状况、保障对象人数等因素分配。

（八）基本住房保障类

18. 城乡保障性安居工程（包括城镇保障安居工程和农村危房改造等）。省级制定测算补助标准，省级统筹中央和省级资金，主要依据市县财力状况、年度任务量等因素分配。

二、省以下政府间收入划分

受经济发展水平和产业结构差异的影响，各地省以下政府间收入划分形式多样，差别很大。

（一）税种划分

参照税种属性划分收入，省以下政府间收入划分大致有以下几种情况。

（1）将税基流动性强、区域间分布不均、年度间收入波动较大的税收收入作为省级收入或由省级分享较高比例，以此来避免基层政府因追求利益而展开恶性竞争，采取地方保护。

（2）将税基较为稳定、地域属性明显的税收收入作为市县级收入或由市县级分享较高比例，进而保障基层财政的收入来源。

（3）对金融、电力、石油、铁路、高速公路等领域税收收入，可作为省级收入，也可在相关市县间合理分配。除按规定上缴财政的国有资本经营收益外，逐步减少直至取消按企业隶属关系划分政府间收入的做法。

（二）按共享收入划分

按照对收入的分享方式，省以下政府间收入划分有以下几种情形。

（1）税收收入应在省以下各级政府间进行明确划分，对主体税种实行按比例分享，结合各税种税基分布、收入规模、区域间均衡度等因素，合理确定各税种分享比例。结合省级财政支出责任、区域间均衡度、中央对地方转移支付等因素，合理确定省级收入分享比例。基层"三保"（保基本民生、保工资、保运转支出）压力较大的地区以及区域间人均支出差距较大的地区，应逐步提高省级收入分享比例，增强省级统筹调控能力。

（2）对非税收入可采取总额分成、分类分成、增量分成等分享方式，逐步加以规范。

（3）省内同一税收收入在省与市、省与省直管县、市与所辖区、市与所辖县之间的归属和分享比例原则上应逐步统一。

（4）除国家另有规定外，逐步取消对各类区域的财政收入全留或增量返还政策，确需支持的通过规范的转移支付安排。逐步规范设区的市与所辖区之间的收入关系。

（5）结合税源实际合理编制各级收入预算，依法依规征税收费，严格落实退税减税降费政策，严禁虚收空转、收"过头税费"、乱收费，不得违规对税收收入指标进行考核排名。

三、省以下财政转移支付制度

省以下财政转移支付涉及的政府层级较多，我们重点讨论省对下一级地方政府的转移支付，简称省对下转移支付。我国各省均建立了省对下转移支付制度，省对下转移支付制度包括一般性转移支付和专项转移支付。一般性转移支付制度包括均衡性转移支付、重点生态功能区转移支付、产粮大县奖励资金、县级基本财力保障机制奖补资金、资源枯竭城市转移支付、城乡义务教育补助经费、老少边穷地区转移支付等。其中，均衡性转移支付、重点生态功能区转移支付、产粮大县奖励资金等转移支付在规模上占主体地位，而且在各省（自治区、直辖市）也普遍存在。当然，各地省对下转移支付形式各有所差别，做法不尽相同，尽管2022年中央接连修订了《中央对地方均衡性转移支付办法》并出台了《关于进一步推进省以下财政体制改革工作的指导意见》，对省以下财政转移支付制度的改革提出了新要求，强调在分配、测算转移支付上的规范性，但各省之间的差异短时间内难以消除，出台新的或修订旧有的管理办法也需要时间，因此各省在省对下财政转移支付制度层面仍存在较大差异。

（一）省对下一般性转移支付的基本做法

1995 年中央出台过渡期转移支付后，各地依据中央的办法，结合本地实际情况，按照客观、公正、规范的原则，陆续实施了省对下一般性转移支付。

1. 政策目标

根据一般性转移支付的性质，各地普遍将其政策目标定位于均衡区域间基本财力配置，向革命老区、民族地区、边疆地区、欠发达地区，以及担负国家安全、生态保护、粮食和重要农产品生产等职责的重要功能区域倾斜，不指定具体支出用途，由下级政府统筹安排使用。编制预算时，共同财政事权转移支付暂列一般性转移支付。2023 年 8 月 28 日在第十四届全国人民代表大会常务委员会第五次会议上，《国务院关于财政转移支付情况的报告》中指出："督促指导省级政府落实主体责任，清晰界定省以下财政事权和支出责任，理顺省以下政府间收入划分，完善省以下转移支付制度。推动省级结合财力可能加大对市县一般性转移支付力度，促进省内财力均衡。根据基本公共服务保障标准、支出责任分担比例、常住人口规模等，结合政策需要和财力可能等，足额安排共同财政事权转移支付，确保共同财政事权履行到位。"

2. 一般性转移支付测算办法

1）公式法分配

一般性转移支付资金按照公平、公正，循序渐进和适当照顾老少边穷地区的原则，总体来看，绝大多数地区都是比照中央对地方一般性转移支付测算办法，按照辖区内市县的标准财政收支差额和转移支付系数确定转移支付数额及可用于转移支付的资金数量等客观因素，按统一公式计算确定。某地区均衡性转移支付 = (该地区标准财政支出 − 该地区标准财政收入) × 该地区转移支付系数 + 增幅控制调整 + 省对下均等化努力程度奖励资金。

但也有例外，四川省和山西省对辖区间基层政府的标准财政收支缺口实行全额补助，测算公式为：某地区转移支付额 = 该地区标准财政支出 − 该地区标准财政收入。广东省在确定省对市县均衡性转移支付额时采取了更为复杂的计算方式，将其分为四大部分：一是标准收支差额补助；二是基本公共服务均等化补助；三是偏离度调整机制；四是奖励资金。各地享受的均衡性转移支付用公式表示为：某地均衡性转移支付= 标准收支差额补助 + 基本公共服务均等化补助 + 偏离度调整 + 奖励资金。其中标准收支差额补助这一项仍需要根据该地区标准财政支出与标准财政收入等进行测算，但没有使用地区转移支付系数而是加入了基本公共服务均等化补助这一项。内蒙古自治区则建立"谁发展快、谁发展好、谁受益多"的利益分配机制，将转移支付与各地上划中央和自治区税收增长情况直接挂钩分配，并不使用公式法进行测算。

2）标准收入测算

各地在测算标准收入时，主要考虑市县一般预算收入和上级补助收入。上级补助收入主要包括税收返还、转移支付、体制性补助等，各地测算标准一般预算收入的办法不统一，若对照《中央对地方均衡性转移支付办法》来安排地方本级标准财政收入，则主要根据相关税种的税基和税率计算并根据实际收入适当调整。

具体来说，可从以下七种类型中择类综合测算。

（1）增值税（含改征增值税、原营业税，下同）标准财政收入（地方分享部分）。税基采用制造业，采矿业，电力、热力、燃气及水生产和供应业以及批发和零售业等行业增加值，建筑业、销售不动产和交通运输等相关行业的营业收入、销售额等，税率采用全国平均有效税率。金融保险业等应税品目的增值税据实计算。考虑部分行业实行低税率，以及各地产业结构差异等因素，标准财政收入根据实际收入适当调整。

（2）企业所得税标准财政收入（地方分享部分）。采用企业利润作为代理税基，税率按照全国平均有效税率计算确定。考虑企业利润与企业应纳税所得额等企业所得税税基有一定差异，标准财政收入根据实际收入适当调整。

（3）个人所得税标准财政收入（地方分享部分）。按照税目分别计算。其中，工资薪金所得税税基采用国家统计局提供的各地在岗职工平均工资、各地区就业人数、各地城镇居民人均可支配收入等，税率按照全国平均有效税率分类计算确定；个体工商户所得税税基采用个体工商户营业收入，税率按照全国平均有效税率分类计算确定；其他个人所得税及储蓄存款利息所得税按照实际收入计算。

（4）城市维护建设税标准财政收入。税基采用消费税实际收入、增值税标准财政收入之和，税率按照各地实际有效税率计算确定。其中，各地实际有效税率根据各地区城市维护建设税实际收入占增值税、消费税实际收入之和的比例确定。

（5）耕地占用税。税基采用耕地占用量，税率按照全国平均有效税率计算确定。标准财政收入根据实际收入适当调整。

（6）契税标准财政收入。税基采用商品房销售额和实际土地出让利润，税率按照全国平均有效税率计算确定。标准财政收入根据实际收入适当调整。

（7）据实计算收入。税收收入中资源税、印花税、烟叶税、房产税、土地增值税、城镇土地使用税、车船使用牌照税，非税收入中的罚没收入、其他收入按照实际收入计算。非税收入中探矿权采矿权使用费和价款、行政事业性收费、国有资本经营收入、国有资产有偿使用收入等按实际收入的一定比例计算。

在综合使用这七类收入进行测算时，不同地省对于不同税种的偏好往往也不同，如天津市在测算区本级标准财政收入时使用增值税标准财政收入、企业所得税标准财政收入这两类，需要根据实际收入适当调整，而其他各类税收则需要按照实际收入计算。此外，仍有省份按照原有方法即依据本级一般公共预算收入当年预算数计算确定标准收入，如山西省。

3）标准支出测算

各地测算标准支出的办法比较一致。市县标准财政支出主要为该地区行政、公检法标准支出等经常性支出项目之和。标准支出根据标准财政供养人数和相关支出标准等因素，按人员经费、公用经费和其他经常性支出项目分别计算确定。其中，其他经常性支出项目主要包括社会保障补助支出、优抚和社会救济支出、支援农业生产支出和城市建设支出等，通常分项进行测算。但也有例外，如天津市在测算标准财政支出时按政府收支功能分类分项，选取各区总人口、学生数等与该项支出直接相关的指标为主要因素，按照客观因素乘以单位因素平均支出计算，并根据人口密度、运输距离、生态区域面积等影响财政支出的客观因素确定各区成本差异系数。安徽省分科目计算标准财政支出时，选取各地总人口、学生数、林地面积、公路里程等与该项支出相关的指标为客观因素，按照各地指标和指标平均支出计算，并根据人口、面积、地形等影响财政支出的因素确定各地成本差异系数。

4）转移支付系数的确定

一般来说，均衡性转移支付系数根据均衡性转移支付总额、各地区标准财政收支缺口总额以及各地区财政困难程度系数等因素确定。其中，困难程度系数根据地方基本公共服务必保支出占标准财政收入比例及缺口率计算确定。

均衡性转移支付系数 = (均衡性转移支付总额 ÷ 标准财政收支缺口总额) × 权重 + 某市县困难程度系数 × 权重。

其中，标准财政收支缺口总额 = 标准财政支出 − 标准财政收入。

困难程度系数 = 标准化处理后(基本公共服务必保支出 ÷ 地方标准财政收入) × 55% + 标准化处理后(标准财政收支缺口 ÷ 标准财政支出) × 45%。

各省在确认转移支付系数时采用的测算办法存在较大差异，有些地省在确认转移支付系数时使用较为简单的计算方式，而在计算标准财政支出时进行细致区分，如安徽省在计算转移支付时统一补助系数，仅要求按可分配均衡性转移支付资金规模、标准财政收支差额等因素统一确定；有些地省则在确认转移支付系数时根据当地政策导向设置多种系数类型，如天津市计算某区均衡性转移支付系数时引入该区绿色系数，具有明显的政策导向作用。

5）特殊因素的处理

一般来说，为保障市县财政运行的稳定性，较多地省均参照中央做法实行了增幅（降幅）控制机制，对超过（或低于）一定增长率的市县适当调减（或调增）转移支付额，仅在调增（调减）数额规定上有所区别。如安徽省计算调增（调减）数额时根据待分配的均衡性转移支付总额等因素等比调整，天津市对补助规模下降较多的区，参考上年均衡性转移支付补助规模，适当调增分配金额，所需资金由市财政在保持补助总体规模不变的基础上，通过同比例压缩享受转移支付区域转移支付的方法处理。

（二）省对下专项转移支付

省对下专项转移支付一般由省参考中央转移支付制度，结合各省实际进行制定。一般为省对市县专项转移支付，它是指中央、省政府为实现特定的经济和社会发展目标无偿给予市县政府，由接受转移支付的政府按照中央、省政府规定的用途安排使用的预算资金，包括中央财政安排的专项转移支付（以下简称中央专项转移支付）和省级财政安排的专项转移支付（以下简称省级专项转移支付）。

1. 资金来源

专项转移支付预算资金来源包括一般公共预算、政府性基金预算和国有资本经营预算。

2. 分类

按照事权和支出责任划分，专项转移支付分为委托类、共担类、引导类、救济类、应急类等五类。

委托类专项是指属于中央、省事权，中央、省委托市县实施而相应设立的专项转移支付。

共担类专项是指属于中央、省与市县的共同事权，中央、省应分担部分委托市县实施而设立的专项转移支付。

引导类专项是指属于市县事权，中央、省为鼓励和引导市县按照中央、省政策意图办理事务而设立的专项转移支付。

救济类专项是指属于市县事权，中央和省为帮助市县应对因自然灾害等发生的增支而设立的专项转移支付。

应急类专项是指属于市县事权，中央和省为帮助市县应对和处理影响区域大、影响面广的突发事件而设立的专项转移支付。

3. 管理

省级专项转移支付经批准设立后，省级财政厅应当制定或者会同省级主管部门制定资金管理办法，做到每一个专项转移支付对应一个资金管理办法。省级基建投资专项应当根据具体项目制定资金管理办法。

资金管理办法应当明确规定政策目标，部门职责分工，资金用途，补助对象，分配方法，资金申报条件，资金申报、审批和下达程序，实施期限，绩效管理，监督检查等内容，做到政策目标明确、分配主体统一、分配办法一致、审批程序唯一、资金投向协调。需要发布申报指南或其他与资金申报有关文件的，应当在资金管理办法中予以明确。

省级专项转移支付预算应当分地区、分项目编制，并遵循统筹兼顾、量力而行、保障重点、讲求绩效的原则。

属于委托类专项的，省级应当足额安排预算，不得要求市县安排配套资金。

属于共担类专项的，应当根据公益性、外部性等因素明确分担标准或者比例，由中央、省、市县按各级应分担数额安排资金。根据各地财政状况，同一专项转移支付对不同地区可以采取有区别的分担比例，但不同专项转移支付对同一地区的分担比例应当逐步统一规范。

属于引导类、救济类、应急类专项的，应当严格控制资金规模。

4. 资金分配

专项转移支付资金分配可以采取因素法、项目法、因素法和项目法相结合等方法。因素法是指根据支出相关的因素赋予相应的权重和标准，对专项转移支付资金进行分配的方法。

项目法是指根据相关规划、竞争性评审等方式将专项转移支付资金分配到特定项目的方法。

省向市县分配专项转移支付资金应当以因素法为主，涉及重大工程、跨地区跨流域的投资项目以及外部性强的重点项目除外。

四、地方财政体制改革试点

（一）省直管县

根据财政部《关于推进省直接管理县财政改革的意见》（财预〔2009〕78号），为理顺省以下政府间财政分配关系，推动市、县政府加快职能转变，更好地提供公共服务，促进经济社会全面协调可持续发展，实行省直管县财政改革。省直管县财政改革，就是在政府间收支划分、转移支付、资金往来、财政预决算、财政结算等方面，省财政与市、县财政直接联系，开展相关业务工作。

（1）收支划分。在进一步理顺省与市、县支出责任的基础上，确定市、县财政各自的支出范围，市、县不得要求对方分担应属自身事权范围内的支出责任。按照规范的办法，合理划分省与市、县的收入范围。

（2）转移支付。转移支付、税收返还、所得税返还等由省直接核定并补助到市、县；专项拨款补助，由各市、县直接向省级财政等有关部门申请，由省级财政部门直接下达市、县。市级财政可通过省级财政继续对县给予转移支付。

（3）财政预决算。市、县统一按照省级财政部门有关要求，各自编制本级财政收支预算和年终决算。市级财政部门按规定汇总市本级、所属各区及有关县预算，并报市人大常委会备案。

（4）资金往来。建立省与市、县之间的财政资金直接往来关系，取消市与县之间日常的资金往来关系。省级财政直接确定各市、县的资金留解比例。各市、县金库按规定直接向省级金库报解财政库款。

（5）财政结算。年终各类结算事项一律由省级财政与各市、县级财政直接办理，市、县级之间如有结算事项，必须通过省级财政办理。各市、县举借国际金融组织贷款、外国政府贷款、国债转贷资金等，直接向省级财政部门申请转贷及承诺偿还，未能按规定偿还的由省财政直接对市、县进行扣款。

（二）乡财县管

乡财县管指在乡镇政府管理财政的法律主体地位不变，财政资金所有权和使用权不变，乡镇享有的债权及负担的债务不变的前提下，县级财政部门在预算共编、账户统设、集中收付、采购统办和票据统管等方面，对乡镇财政进行管理和监督，帮助乡镇财政提高管理水平。乡镇政府在县级财政部门指导下编制本级预算、决算草案和本级预算的调整方案，组织本级预算的执行。

乡财县管的主要做法是在坚持财权和事权相统一，预算管理权、资金使用权和财务审批权不变的前提下，以乡镇独立核算为主体，实行"预算共编、账户统设、集中收付、采购统办、票据统管"的财政管理方式。

（1）预算共编，即县级财政部门按有关政策提出乡镇财政预算安排的指导意见并报同级政府批准，乡镇政府根据县级财政部门具体意见编制本级预算草案并按程序报批。

（2）账户统设，即取消乡镇财政总预算会计，由县级财政统管会计核算乡镇各项会计业务。撤销乡镇财政预算单位所有经费账户，由县级财政在各乡镇金融机构统一开设财政专户分账户。分账户设"结算账户"、"工资专户"和"支出专户"三类，分别核算乡镇的各项收入、工资性支出、公务支出。

（3）集中收付，即乡镇财政预算内外资金全部纳入预算管理，各项财政收入就地缴入县级国库，由县级财政根据乡镇收入类别和科目，分别进行核算和划转。支出拨付以乡镇年度预算为依据，按照先重后一般的原则，优先保障人员工资。

（4）采购统办，凡纳入政府集中采购目录的乡镇各项采购支出，由乡镇提出申请和计划，经县级财政部门审核后，交县政府采购中心集中统一办理，采购资金由县级财政部门直接拨付供应商。

（5）票据统管，即乡镇使用的行政事业性收费票据，由县财政派驻的统管会计管理，实行"票款同行、以票管收"，票据管理纳入统管会计年度考核目标，严禁坐收坐支和转移、隐匿各项收入。

乡财县管进一步理顺和规范了县乡财政分配关系，缓解了县乡财政存在的矛盾和困难，规范了乡镇财政支出管理，保证了乡镇、村干部人员工资正常发放，严格控制了不合理开支，切实保证了农村牧区基层政权的正常运转。严格控制了乡镇财政供给人数的增长，保证了农村税费"三项配套"改革[①]的顺利实施。彻底划清了乡镇各项债权、债务，建立了乡镇债权债务备案制度和项目建设报告审批制度，严禁新增负债，并按照谁欠债、谁清理的原则，逐年核定消化债务比例，列入考核目标。调动了乡镇增收节支和当家理财的积极性，促进了全县财政收入的快速增长。

复习思考题

1. 财政分权度如何衡量。
2. 税收划分的原则是什么？
3. 1994年分税制改革的内容是什么？

---

① 指以乡镇机构为主的行政体制改革、义务教育管理体制改革、县乡财政体制改革。

第四章

地方财政支出

1. 了解地方财政支出分类。
2. 掌握地方财政支出的衡量指标。

地方财政支出是地方政府职能的具体体现。地方政府对筹集到的财政资金进行有计划的分配，体现政府活动的范围与结构。地方政府通过财政支出，发展地方经济，提供各种地方公共产品与服务，履行政府职责。

第一节　地方财政支出概述

地方财政支出是指地方各级财政将归其所支配的地方财力，有计划地分配使用到各种用途上去的分配活动。地方财政支出分类、规模、结构的确定与调整，对于地方政府职能的履行和地方经济、文化、教育以及公共设施和卫生保健事业的发展都有着至关重要的作用和影响。

一、地方财政支出的范围

在前面讲述地方政府职能时，我们知道，由于公共产品的层次性，地方政府主要提供地方性或区域性的公共产品。故而地方财政支出的范围主要包括以下几类。

一是保证地方政府政权正常运行方面的支出。主要是行政管理支出如一般公共服务支出（以前称为行政管理费），如用于地方行政机关、事业单位、公安机关、司法机关、检察机关的各种经费、业务费、干部培训费等。

二是满足社会公益事业需要方面的支出。如教育支出、社会保障就业支出、农林水支出、城乡社区事务支出、住房保障支出等。

三是满足社会公共设施建设的需要和非竞争性基础产业投资的需要方面的支出。如道路、桥梁、邮电通信、自然资源和生态环境保护以及新兴养猪业、高科技产业、支柱产业及风险产业的投资需要等支出。

四是其他与地方政府履行职能有关的支出。这种划分有一些不合理的地方，如抚恤和社会福利救济费支出按其直接用途应该属于社会服务性支出，因为这类支出具有保障社会公平的特征，把它划入经济建设费不太合适（杨慧兰，2013）。

二、地方财政支出的分类

将地方财政分支出的内容进行合理的归纳、分类，以便准确反映和科学分析地方财政支出活动的性质、结构、规模以及支出的效益与产生的时间。

（一）按政府职能分类

由于财政支出是为了实现国家职能而安排的，职能分类是比较常用且非常重要的分类方法，它提供关于某项财政支出的目的信息。

长期以来，我国编制执行财政预算、进行预算拨款采用的分类方法主要是按财政支出职能分类。这种分类法可以较明确、具体地体现财政支出在各项职能或事业间的分配格局和各项职能的实现程度，并反映各项财政职能在不同时期的变动情况，以这种方法研究财政支出结构可以反映一国政府在某一时期的工作重点。当然，不同时期的财政支出职能有所差异，其分类也会有所调整。如1952年，政府支出分类科目分为国防费、经济建设费、社会文教费、党派及团体补助费、行政管理费、财务费和其他费7个大类（陈如龙，1989），而2024年的政府支出分类科目则有27个大类，如表4-1所示。与之相比，国际货币基金组织财政支出政府职能有10个大类（表4-2）。

表 4-1　中国 2024 年一般公共预算支出分类科目

类名称	设款（个数）	类名称	设款（个数）
一般公共服务支出	28	农林水支出	8
外交支出	9	交通运输支出	5
国防支出	5	资源勘探工业信息等支出	7
公共安全支出	11	商业服务业等支出	3
教育支出	10	金融支出	5
科学技术支出	10	援助其他地区支出	9
文化旅游体育与传媒支出	6	自然资源海洋气象等支出	3
社会保障和就业支出	22	住房保障支出	3
卫生健康支出	14	粮油物资储备支出	4
节能环保支出	15	灾害防治及应急管理支出	7
城乡社区支出	6	预备费	0

续表

类名称	设款（个数）	类名称	设款（个数）
其他支出	2	转移性支出	10
债务付息支出	3	债务还本支出	3
债券发行费用支出	3		

资料来源：财政部关于印发《2024 年政府收支分类科目》的通知（财预〔2023〕83 号）

表 4-2 国际货币基金组织财政支出政府职能类别

分类	内容
一、一般公共服务	包括行政和立法机关，金融和财政事务，对外事务，对外经济援助，一般服务，基础研究，一般公共服务"研究与开发"，未另分类的一般公共服务，公共债务操作，各级政府间的一般公共服务等
二、国防	包括军事防御，民防，对外军事援助，国防"研究与开发"，未另分类的国防等
三、公共秩序和安全	包括警察服务，消防服务，法庭，监狱，公共秩序和安全"研究与开发"，未另分类的公共秩序和安全等
四、经济事务	包括一般经济、商业和劳工事务，农业、林业、渔业和狩猎业，燃料和能源，采矿业、制造业和建筑业，运输，通信，其他行业，经济事务"研究与开发"，未另分类的经济事务等
五、环境保护	包括废物管理，废水管理，减轻污染，保护生物多样性和自然景观，环境保护"研究与开发"，未另分类的环境保护等
六、住房和社会福利设施	包括住房开发，社区发展，供水，街道照明，住房和社会福利设施"研究与开发"，未另分类的住房和社会福利设施等
七、医疗保健	包括医疗产品、器械和设备，门诊服务，医院服务，公共医疗保障服务，医疗保障"研究与开发"，未另分类的医疗保健等
八、娱乐、文化和宗教	包括娱乐和体育服务，文化服务，广播和出版服务，宗教和其他社区服务，娱乐、文化和宗教"研究与开发"，未另分类的娱乐、文化和宗教等
九、教育	包括学前和初等教育，中等教育，中等教育后的非高等教育，高等教育，无法定级的教育，教育的辅助服务，教育"研究与开发"，未另分类的教育等
十、社会保障	包括伤病和残疾，老龄，遗属，家庭和儿童，失业，住房，未另分类的社会排斥，社会保障"研究与开发"，未另分类的社会保障等

资料来源：《2014 年政府财政统计手册》（Government Finance Statistics Manual 2014），第 143 页

（二）按经济性质分类

经济性质分类是按支出的经济性质和具体用途所做的一种分类。与政府职能分类相比，经济性质分类从不同侧面、以不同方式反映政府支出活动，使政府的财政支出更加全面规范、公开透明。

1. 购买性支出

购买性支出是指政府为开展政务活动，按照等价交换原则，从市场上购买商品和服务而发生的支付活动。具体包括政府部门的消费支出和投资支出，前者诸如国防支出、行政支出，后者如各级政府公共投资支出。政府在付出这类支出的同时，获得了相应的商品和服务的所有权与使用权。政府只有购买这些商品和服务，才能生产出公众所需的公共产品和服务。它是政府对经济资源的一种消耗，因此又称为消耗性支出。

2. 转移性支出

转移性支出是指政府单方面地、无偿地支付给其他经济主体的财政资金，不相应地获得商品和服务。具体包括社会保障支出、财政补贴支出和税式支出等。它体现的是政府在收入分配方面的职能和作用。社会保障支出是指政府通过财政向由各种原因导致暂时或永久性丧失劳动能力、失去工作机会或生活面临困难的社会成员提供基本生活保障的支出。财政补贴支出是指通过影响相对价格结构，从而改变资源配置结构、供给结构和需求结构的政府无偿支出。税式支出是指以特殊的法律条款规定的、给予特定类型的活动或纳税人以各种税收优惠待遇而形成的收入损失或放弃的收入，包括照顾性税收支出和刺激性税收支出。

3. 购买性支出对社会总供求、收入分配的影响

在一般情况下，政府购买的价格由市场供求关系决定。但有时，政府出于某种目的，可以利用其特权，单方面决定价格。在政府强制压低价格时，政府定价低于市场价格的差额，性质上等于政府在购买过程中向销售企业课征税收。相反，在政府人为地提高购买价格时，政府定价高于市场价格的部分，在性质上等于政府在购买过程中向销售企业提供补贴。从而在国民收入初次分配中，购买性支出体现了政府作为社会产品的需求者的经济活动。

（1）对社会总供求的影响。按照一般的需求理论，当购买性支出增加时，政府对社会产品的需求增长，从而导致市场价格水平上升和企业利润率提高；企业因利润率提高而扩大生产规模，所需生产资料和劳动力也随之增多。所需生产资料增多，可能刺激生产这类生产资料的企业扩大生产；所需劳动力增多，会扩大对消费资料的社会需求，进而导致生产消费资料的企业扩大生产规模。在广泛存在社会分工的条件下，由政府购买性支出增加所引发的上述过程，将会在全社会范围内产生一系列互相刺激和互相推动的作用，从而导致社会总需求的连锁性膨胀。这既有可能形成经济繁荣局面，又有可能形成供给过度情况。相反，如果政府减少购买性支出，随着政府需求的减少，全社会的投资和就业都会减少，从而导致连锁性的社会需求萎缩。这既可能形成需求不足，又可能对过度的总需求起到一定的抑制作用。

（2）对收入分配的影响。购买性支出对国民收入的分配也有间接影响，当购买性支出增加时，由于生产增长，国民收入会随之增加，企业收入和劳动者的收入总量均会增加。但是，由于各种原因，在新增国民收入中，由利润占有的和由工资占有的部分不可能均等，从而在国民收入初次分配中，利润和工资各自所占份额将发生变化。

此外，由于各种经济活动受政府购买性支出变动影响的程度不尽相同，不同的部门和企业，以及在不同的部门和企业中就业的劳动者之间所增加的收入也不尽一致。这些因素，都可能导致国民收入分配结构发生变化。

4. 转移性支出对收入分配的影响

转移性支出对居民的补贴支出，主要影响的是国民收入的初次分配格局。

一般来说，补贴资金主要通过税收取自高收入的企业和居民，主要支出对象则是低收入的居民。通过这种"课税—补贴"转移过程，国民收入分配的差距可以缩小，低收入、无收入居民的最低生活水平可能得到某种保证。这项补贴支出还可以间接影响社会生产。补贴支出增加将会增加对消费品的需求，进而刺激生产此类消费品的企业扩大生产、增加投资，继而又会刺激生产有关原料和生产资料的企业扩大生产。补贴使全社会的边际消费倾向提高，从而改变全社会的消费/储蓄比例，对社会的投资率也产生影响。

5. 购买性支出与转移性支出的主要区别

（1）作用不同。购买性支出对社会的生产和就业有直接的影响，对分配有间接影响。转移性支出直接影响收入分配，而对生产和就业的影响是间接的。

（2）遵循的原则和对政府的效益约束不同。在安排购买性支出时，政府必须遵循等价交换的原则，因此，通过购买性支出体现出的财政活动对政府形成较强的效益约束。在安排转移性支出时，政府并没有十分明确和一以贯之的原则可以遵循，而且，财政支出的效益也极难换算。

（3）对微观经济主体的效益约束不同。微观经济主体在同政府的购买性支出发生联系时，也须遵循等价交换原则。对于向政府提供商品的企业来说，它们收益的大小，唯一地取决于其销售收入同生产成本的对比关系；对于向政府提供劳务的人们来说，他们收入的高低，也只取决于市场上劳务的供求状况以及全社会的劳务收入水平。所以，对微观经济主体的预算约束是硬的。微观经济主体在同政府的转移性支出发生联系时，并无交换发生，因而，对于可以得到政府转移性支出的微观经济主体来说，它们收入的高低，在很大程度上并不取决于其能力与主观努力的结果，而取决于其经济状况及同政府讨价还价的能力，显然，对微观经济主体的预算约束是软的。

（三）按最终用途分类

根据马克思关于社会产品价值构成的理论，社会总产品在价值构成上分为 C、V 和 M 三个部分，如果不从事扩大再生产，社会总产品的最终使用便可分为补偿和消费两大部分，与补偿支出相对应的社会总产品价值为 C，与消费支出相对应的社会总产品价值则为 $V+M$。而在扩大再生产条件下，社会总产品价值中 M 的一部分不用于消费，而是通过一个投资的过程形成积累。显然，从上期生产的结果来看的社会总产品的价值构成，同从最终使用亦即从下期生产的起点来看的社会总产品的价值构成是不相对应的。具体地说，从最终使用来看，C 的价值并非全部用于补偿消耗掉的生产资料，因为，在固定资产规模不断扩大的情况下，从全社会来看的固定资产折旧价值，有一部分可以用于积累性的投资。V 的价值也不等于全部消费，因为：①作为总消费构成部分的社会消费主要来自 M；②作为劳动者个人收入的 V，有一部分也会以储蓄的形式沉淀下来，再通过各种渠道转化为投资。同样，M 的价值也不等于积累，因为社会消费基金要取自 M，余下的部分才能用于积累。

可见，在一个动态发展的经济社会里，社会总产品的价值构成同社会总产品的最终使用构成是不相同的，产生这个差别的动力是社会经济不断扩大再生产亦即不断发展的需要，使这个过程得以在现实进行的机制便是社会总产品的分配和再分配。

由此，社会总产品的运动，从静态的价值构成上，可以分为补偿性支出、积累性支出和消费性支出；而从动态的再生产的角度考察，则可以分为投资性支出与消费性支出。这种分类方法，有助于考察财政支出与社会总产品分配过程、社会再生产之间的关系，从而正确安排国民经济中各种支出的比例。

（1）补偿性支出。补偿性支出是指用于补偿生产过程中消耗掉的生产资料方面的支出。目前财政用于补偿性支出的项目大大削减。

（2）积累性支出。积累性支出是指财政直接增加社会物质财富及国家物资储备的支出，包括基本建设支出、生产性支农支出、国家物资储备支出等。

（3）消费性支出。消费性支出是指财政用于社会共同消费方面的支出，包括文教科学卫生事业费、抚恤和社会福利救济费、行政管理费、国防费等项支出。

（4）投资性支出。投资性支出是指以政府为主体，将其从社会产品或国民收入中筹集起来的财政资金用于国民经济各部门的一种集中性、政策性投资。

（四）按支出产生效益的时间分类

按财政支出产生效益的时间分类，财政支出可以分为经常性支出和资本性支出。

（1）经常性支出。经常性支出是指维持公共部门正常运转或保障人们基本生活所必需的支出，主要包括人员经费、公用经费和社会保障支出。特点是它的消耗会使社会直接受益或当期受益，直接构成了当期公共产品的成本，按照公平原则中当期公共产品受益与当期公共产品成本相对应的原则，经常性支出的弥补方式是税收。

（2）资本性支出。资本性支出是指用于购买或生产使用年限在 1 年以上的耐用品所需的支出，其中有用于建筑厂房、购买机械装备、修建铁路和公路等的生产性支出，也有用于建筑办公楼和购买汽车、复印机等办公用品的非生产性支出。

（五）按公共财政支出的目的

按公共财政支出的目的可以分为预防性支出和创造性支出。预防性支出是指用于维持社会秩序和保卫国家安全的支出，主要包括国防、司法、公安与政府行政部门的支出；创造性支出是指用于改善人民生活、发展经济的支出，主要包括经济、文教、卫生和社会福利等支出。

第二节　地方财政支出规模与结构

　　地方财政又称地方政府财政，是指按照国家政权层级划分，财政体制中属于地方各级政府的财政，即地方政府在其职责范围内筹集、分配。

　　财政支出作为政府分配的重要组成部分，不仅是维持政府职能的财政基础，也是市场经济下政府活动的范围和内容的总体概括。它在经济生活和社会生活中占有举足轻重的地位。财政支出规模与结构又取决于一个国家所处的经济发展阶段，反映的是政府的调控能力，因此对财政支出进行研究的意义重大。

一、地方财政支出规模及其变化趋势

　　现代政府的实质是服务型政府，政府职能的根本内容是公共服务。政府只有通过提供充足优质的公共服务才能证明自己存在的价值与合法性。在现代社会，衡量一个政府是否为服务型政府，主要是看资金的支出用途是否以满足社会公共需要为目的，重点是不断增加社会性公共服务支出；调整公共支出范围，把生产投资型财政转变为公共服务型财政。通过对地方政府公共服务支出状况及其原因的分析，可以为控制和缩小地区公共服务差距寻求切实可行的途径提供理论基础，促进社会和谐与均衡发展。

（一）地方财政支出规模的含义

　　地方财政支出规模是指在一定时期（预算年度）内，地方政府根据国民经济发展状况和政府职能实现的要求等因素，安排和使用的财政资金的绝对量与相对量。

　　从概念上讲，地方财政支出规模有预算支出规模和决算支出规模两种形式。前者是指政府在编制年度预算时，根据支出的预算要素测算出的年度支出数；后者则是指预算年度内政府财政实际完成的支出总量。

　　对地方财政支出规模的界定，主要参照财政支出规模的定义，地方财政支出规模反映了地方政府对地区生产总值的实际占有规模和程度，体现了地方政府的职能和政府的活动范围，是研究和确定中央与地方财政分配规模的重要指标。

（二）地方财政支出规模的衡量指标

　　衡量地方财政支出的指标通常有绝对指标和相对指标两类。一般来讲，绝对指标在与地方各级政府财政支出变化进行纵向对比时有实际意义，而相对指标在本地方政府财政支出与其他地方政府财政支出进行横向对比及对本地方政府财政支出变化进行纵向比较时均有参考意义。

1. 绝对指标

地方财政支出规模的绝对指标即财政支出的绝对规模，是指以一国货币单位表示

的、预算年度内政府实际安排和使用的财政资金的数量总额。

2. 相对指标

地方财政支出规模的相对指标是指在预算年度内政府实际安排和使用的财政资金的金额占相关经济总量指标（一般为地区生产总值）的比例。

（1）地方财政支出相对规模 = 地方财政支出规模/地区生产总值×100%。

（2）地方财政支出增长率是当年地方政府财政支出比上年同期财政支出增长的百分比，用 $\Delta G(\%)$ 表示。计算公式：

$$\Delta G(\%) = \frac{\Delta G}{G_{n-1}} = \frac{G_n - G_{n-1}}{G_{n-1}}$$

式中，ΔG 是当年财政支出比上年增（减）额；G_n 是当年财政支出；ΔG 是上年财政支出。

（3）地方财政支出增长的弹性系数：地方财政支出的收入弹性（E）= 地方财政支出增长率/地区生产总值增长率。计算公式：

$$E_g = \frac{\Delta G(\%)}{\Delta \text{GDP}(\%)}$$

$$\Delta \text{GDP}(\%) = \frac{\Delta \text{GDP}}{\text{GDP}_{n-1}} = \frac{\text{GDP}_n - \text{GDP}_{n-1}}{\text{GDP}_{n-1}}$$

式中，$\Delta \text{GDP}(\%)$ 是地区生产总值增长率；ΔGDP 是当年地区生产总值比上年地区生产总值的增（减）额。

$E_g > 1$，说明地区生产总值增长＜地方财政支出增幅。

$E_g < 1$，说明地区生产总值增长＞地方财政支出增幅。

$E_g = 1$，说明地区生产总值与地方财政支出同步增长。

（4）地方财政支出增长边际倾向，以 MGP 表示。该指标表明财政支出增长额与地区生产总值增长额之间的关系，即地区生产总值每增加一个单位时财政支出的增加额，或财政支出增长额占地区生产总值增长额的比例。计算公式：

$$\text{MGP} = \frac{\Delta G}{\Delta \text{GDP}}$$

财政支出增长边际倾向是西方财政学研究中常用的一个指标，主要用以说明地区生产总值的增加额中，用于增加财政支出份额的大小。通过这一指标计算一国或一国地区间的不同时期与若干年度中边际倾向的变化，可以在一定程度上分析财政支出增长的趋势，当然也可以用于各国财政支出规模的比较。引用到地方财政中分析地方财政支出增长的趋势和同其他地方的财政支出规模的比较。

（三）财政支出规模发展变化的学说

在资本主义经济的早期,财政支出占 GDP 的比例是比较小的,那时,遵循亚当·斯密学说,提倡经济自由化,主张"廉价政府"，政府在经济、文化、社会发展方面很少有所作为。随着资本主义基本矛盾的发展和激化，政府为了维持经济发展和克服日益频繁的经济危机，加强了对经济的干预，同时，随着人均收入的不断提高和收入差距的扩大，为了防止社会动荡，政府通过财政的转移支付向广大群众和低收入居民提供基本生活保障和社会保障，由此导致政府财政支出的日益膨胀。另外，GDP 的增长，筹措财政收入的措施的加强，以及增发公债作为弥补支出的手段成为可能，也从财源方面支持了财政支出的膨胀。对于财政支出增长变化的一般趋势，许多学者做了大量的研究。

1. 瓦格纳法则——政府活动扩张法则

当国民收入增长时，财政支出会以更大比例增长。随着人均 GNP 的提高，政府支出占 GDP 的比例将会提高，这就是财政支出的相对增长，被后人归纳为瓦格纳法则，又称为政府活动扩张法则，见图 4-1。

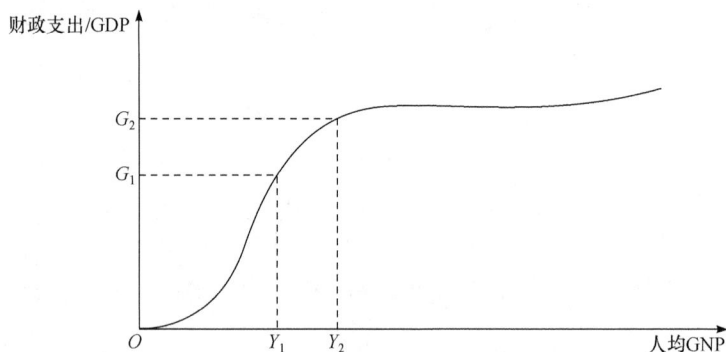

图 4-1　瓦格纳法则

2. 皮科克和威斯曼的替代规模效应理论

皮科克（Peacock）和威斯曼（Wiseman）的替代规模效应理论（时间形态理论）认为较大的经济和社会动荡会导致财政支出规模的显著增长，又称"梯度渐进增长"。

皮科克和威斯曼在瓦格纳分析的基础上，根据他们对 1890～1955 年英国公共部门成长情况的研究，提出了导致财政支出增长的内在因素与外在因素，并认为外在因素是说明财政支出增长超过 GDP 增长速度的主要原因。

这就是"替代效应"，即在危急时期，公共支出会替代私人支出，财政支出的比例上升。但在危急时期过去以后，公共支出并不会退回到先前的水平。因此，每一次较大的经济和社会动荡，都会导致财政支出水平上一个新的台阶。这种财政支出上升的规律，即称为替代规模效应理论。

3. 马斯格雷夫和罗斯托的经济发展阶段增长理论

马斯格雷夫和罗斯托的经济发展阶段增长理论就是联系财政支出结构的变化来解释财政支出规模增长的原因。他们认为，在经济发展的早期阶段，政府投资在社会总投资中占有较高的比例，公共部门为经济发展提供社会基础设施。在经济发展的中期，政府投资还应继续进行，但这时政府投资将逐步转换为对私人投资的补充。

马斯格雷夫认为，在整个经济发展进程中，社会总投资以及政府投资的绝对数会是增长的，但社会总投资占 GDP 的比例以及政府投资占财政支出的比例，则会趋于下降。

罗斯托认为，一旦经济发展达到成熟阶段，公共支出将从基础设施支出转向不断增加的教育、保健与福利服务的支出，而且这方面支出的增长将大大超过其他方面支出的增长速度，也会快于 GDP 的增长速度。

4. 鲍莫尔的非均衡增长理论

生产率偏低的政府部门的规模越来越大，政府部门的支出会快速增长，理由如下。

（1）国民经济部门分为生产率不断提高和生产率提高缓慢两大类别，前者称为进步部门，技术起决定作用；后者称为非进步部门，劳动起决定作用。

（2）假设两个部门工资水平相同，且工资随劳动生产率提高而上升。政府部门属于人力密集型部门，同时又是生产率发展水平较低的部门。在其他因素不变的情况下，如要维持两个部门的均衡增长，生产率偏低的政府部门的规模会随着进步部门工资率的增长而扩大。

（四）影响财政支出规模的因素

归结前人的分析并结合当今世界各国财政支出变化的现实情况，可以总结出以下影响财政支出规模的主要因素。

1. 宏观因素分析

（1）经济性因素。经济性因素主要指经济发展水平、经济发展要求、经济体制的选择和政府的经济干预政策等。关于经济发展水平对财政支出规模的影响，马斯格雷夫和罗斯托的分析具体说明了经济不同发展阶段对财政支出规模及支出结构变化的影响，这些分析表明经济发展因素是影响财政支出规模的重要因素。经济体制的选择也会对财政支出规模产生影响，最明显的例子便是我国经济体制改革前后的变化。政府的经济干预政策也对财政支出规模产生影响，一般而言，这无疑是正确的。但应当指出的是，若政府的经济干预主要是通过管制而非通过财政的资源配置活动或收入的转移活动来进行时，它对支出规模的影响并不明显。因为政府通过管制或各种规则对经济活动的干预，并未发生政府的资源再配置或收入再分配活动，即财政支出规模基本未变。显然，政府通过法律或行政的手段对经济活动的干预与通过财政等经济手段对经济活动的干预，具有不同的资源再配置效应和收入再分配效应。

（2）政治性因素。政治性因素对财政支出规模的影响主要体现在两个方面：一是政局是否稳定；二是政体结构和行政效率。关于前者皮科克与威斯曼的分析已略有所述，当一国政局出现内乱或外部冲突等突发性事件时，财政支出的规模必然会超常规地扩大。至于后者，不同国家政权不同的组织形式，财政支出也会有所差异，同样的，若一国的行政机构臃肿，人浮于事，效率低下，经费开支必然增多。

（3）社会性因素。人口状态、文化背景等因素，也在一定程度上影响着财政支出规模。在发展中国家，人口基数大，增长快，相应的教育、保健以及救济贫困人口的支出压力便大；而在一些发达国家人口出现老龄化问题，公众要求改善社会生活质量等，也会对支出提出新的需求，因此，某些社会性因素也影响财政支出的规模。

2. 微观因素分析

福利经济学对财政支出增长的分析主要是从微观角度进行的，它采用效用最大化的分析方法，将市场有效供给原理运用到政府公共产品的供应中，通过影响财政支出增长的变量，如公共产品的需求、公共产品的成本和价格、公共产品的质量、生产组织形式等，来分析和研究财政支出规模。

（五）中国地方财政支出规模变化趋势

中国 2007 年财政支出口径发生变化，为了准确分析地方财政支出数据，只收集和整理分析 2007 年之后的地方财政支出数据。从图 4-2 中可以看出，中国地方财政支出绝对规模在持续上涨，但其增速则大幅度下降，与全国财政支出的增速差距呈缩小趋势。

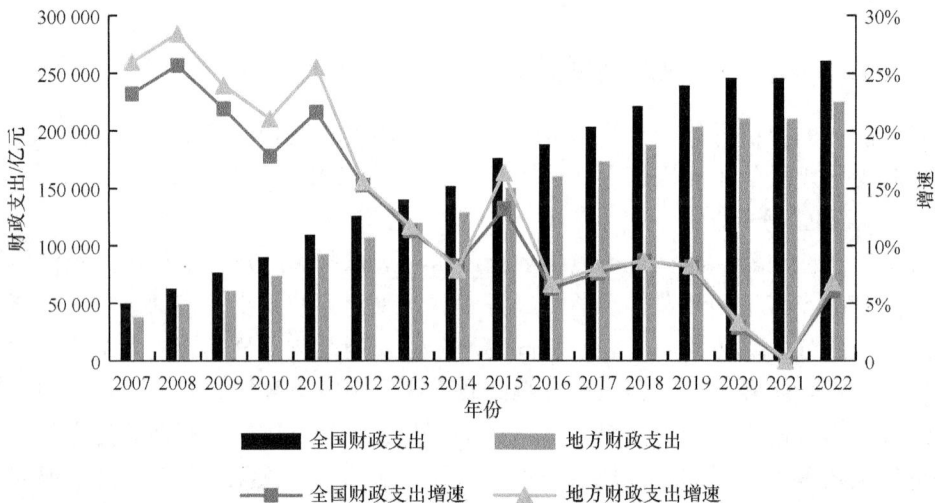

图 4-2　2007~2022 年中国地方财政支出绝对规模及其增速趋势图

从图 4-3 可以看出，地方财政支出相对规模整体上升，在 2015 年相对规模为 21.82%，达到最高值，这正好与图 4-2 地方财政支出绝对规模增速 2015 年出现的小高峰相对应。

二、地方财政支出结构及其变化趋势

财政支出结构，简单来说，是指各类或各项财政支出占总支出的比例，也称财政支出构成。财政支出规模与财政支出结构二者是紧密联系的，许多学者在研究财政支出规模增长趋势的同时也研究了财政支出结构变化的趋势。

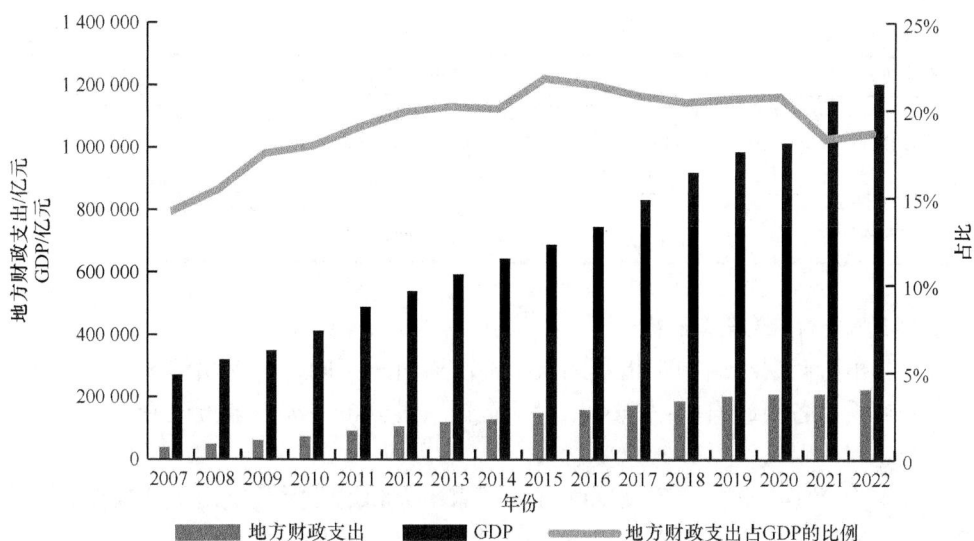

图 4-3　2007～2022 年我国地方财政支出相对规模趋势图

（一）财政支出结构类型

财政支出结构，是指在一定的经济体制和财政体制下，财政资金用于行政各部门、国民经济和社会生活各方面的数量、比例及其相互关系。

财政支出结构建立在财政支出分类之上，只有在一定的支出分类基础上，才能对因此而形成的各项支出数额及其所形成的关系做出分析研究。

财政支出结构的实质是财政支出的分类组合和配置比例，其目标是确定科学的、合理的和优化的财政支出结构。

1. 财政支出职能结构

按政府职能分类的财政支出所呈现出的结构状态，以及各项支出占财政总支出的比例恰恰能够反映政府职能的侧重点。

从财政各项支出占财政总支出的比例看，无论是发达经济体还是转轨或发展中经济体，排在前五位的支出均为一般公共服务、经济事务、医疗保健、教育、社会保障支出。对于转轨或发展中经济体，一般公共服务和经济事务支出明显排位更靠前。

按照经济性质的不同，财政支出可以分为购买性支出和转移性支出，从二者在全部财政支出中的占比能够看出政府财政支出的方式，对分析政府职能具有重要意义。财政支出职能结构见表 4-3。

表 4-3　财政支出职能结构

分类方式	财政支出职能说明
按政府职能分类	经济建设支出、事业发展支出、国家管理费用支出、国防支出、各项补贴支出和其他支出
按支出是否与商品劳务相交换分类	购买性支出，又称消耗性支出，它包括政府用于购买日常政务活动所需要的或国家用于项目投资所需要的各种物质资料、固定资产和劳务的支出；转移支出是指通过政府预算支出把预算收入无偿地单方面转移给受领者

续表

分类方式	财政支出职能说明
按支出的使用部门分类	按使用部门分类，亦即按政府组织机构分类，它表现为预算支出在政府各部门之间的配置结构，包括政府对工业、农业、林业、水利、交通运输、建筑、邮电、商业、物资、文化、教育、科学、卫生、国防、行政等部门的支出
按支出用途分类	基本建设支出、企业挖潜改造资金支出、支援农业支出、科教文卫支出、抚恤和社会福利救济费、国防支出、行政管理费、对外援助支出等

2. 财政支出行政层级结构

财政支出行政层级结构是指不同层级的政府所承担的财政支出情况。这种财政支出结构能够看出各级政府在财政支出中的责任，对分析中央与地方政府之间以及各级地方政府之间的财政关系具有重要意义。

表 4-4 为 2014～2016 年 OECD 部分国家中央和地方财政支出占比情况，从中不难发现，多数国家地方财政支出均占全国财政支出的 50%以上。

表 4-4   2014～2016 年 OECD 部分国家中央和地方财政支出占比情况

国家	指标	2014 年	2015 年	2016 年
奥地利	中央财政支出占比		61.9%	
	地方财政支出占比		38.1%	
法国	中央财政支出占比	34.0%	34.4%	34.9%
	地方财政支出占比	66.0%	65.6%	65.1%
德国	中央财政支出占比	17.5%	17.3%	16.9%
	地方财政支出占比	82.5%	82.7%	83.1%
希腊	中央财政支出占比	58.1%	59.6%	55.9%
	地方财政支出占比	41.9%	40.4%	44.1%
意大利	中央财政支出占比	33.0%	32.9%	33.1%
	地方财政支出占比	67.0%	67.1%	66.9%
日本	中央财政支出占比		16.3%	
	地方财政支出占比		83.7%	
瑞典	中央财政支出占比	37.8%	37.8%	36.4%
	地方财政支出占比	62.2%	62.2%	63.6%
英国	中央财政支出占比	75.4%	71.5%	75.5%
	地方财政支出占比	24.6%	28.5%	24.5%
美国	中央财政支出占比		51.5%	
	地方财政支出占比		48.5%	

资料来源：根据部分 OECD 国家数据，世界银行、国际货币基金组织公布的 GDP 数据测算整理

（二）地方财政支出结构变化的理论分析

财政支出结构，简单来说，是指各类或各项财政支出占总支出的比例，也称财政支出构成。财政支出规模与财政支出结构这二者是紧密联系的，许多学者在研究财政

支出规模增长趋势的同时也研究了财政支出结构变化的趋势。

1. 马斯格雷夫和罗斯托的经济发展阶段增长理论

前面在讲述财政支出规模变化趋势时，马斯格雷夫和罗斯托的经济发展阶段增长理论就是用财政支出结构的变化来解释财政支出规模增长的原因。当然，也说明在经济发展的不同阶段，政府财政支出的重点不一，财政支出也呈现不同的结构。

2. 内生增长理论

内生增长理论认为，财政支出结构不是一成不变的，它取决于一个国家所处的经济发展阶段，财政支出结构的变化带有一定的规律性。

（1）经济发展水平与财政支出结构。经济发展水平会影响财政支出职能结构和财政支出经济性质结构。如果一国的经济发展水平较低，生产技术落后，那么该国政府追求的政策目标就是经济快速增长，相应地，在财政支出的安排中，用于经济建设方面的支出占比通常较高；反过来，如果一国经济发展水平较高，生产技术水平先进，经济保持了较高的增长速度，那么，该国政府追求的政策目标就转向以提高生活质量为主，相应地，教育、医疗、卫生、住房保障等方面的财政支出就增加，占比也会较高。

（2）地方政府职能与地方财政支出结构。政府职能直接决定了财政支出职能结构、财政支出行政层级结构，同时也会影响财政支出经济性质结构。

政府的职能及活动范围决定了一定时期内财政支出的项目、方向和比例，也就决定了财政支出的规模和结构。政府职能除了涉及政府和市场的定位外，还涉及不同层级的政府间职能的划分，从而影响财政支出的层级结构。

（3）国家职能的侧重点不同也会对财政支出结构产生影响。改革开放以来我国政府购买性支出占比有了较大幅度的下降，同时，中央政府将更多的职责下放给地方政府，地方政府承担的财政支出份额逐渐增加。

（三）中国地方财政支出结构变化趋势

从图 4-4 和图 4-5 可以看出，地方财政支出排在前八位的均为教育支出、社会保

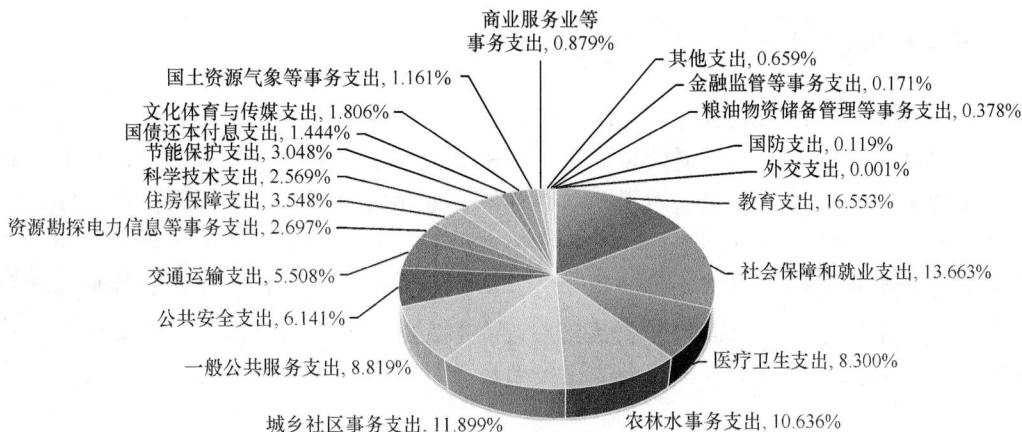

图 4-4　2017 年中国地方财政支出结构图

合计不为 100% 是四舍五入修约所致

障和就业支出、医疗卫生支出、农林水事务支出、城乡社区事务支出、一般公共服务支出、公共安全支出、交通运输支出，虽然占比有所变化但变化不大。

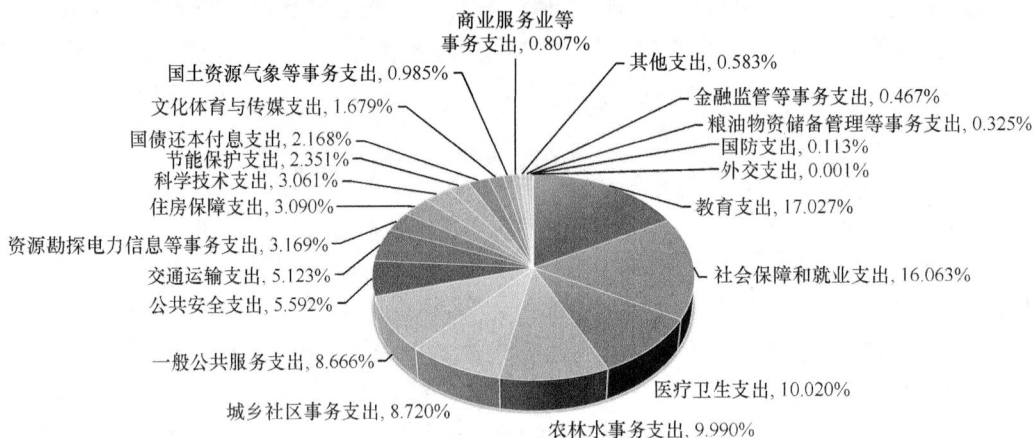

图 4-5　2022 年中国地方财政支出结构图

第三节　地方财政支出绩效管理

为了提高资金使用效益、强化经济责任，地方政府绩效问题应运而生。同时，随着社会的发展，公众的民主政治意识越来越强，也使得地方政府主动关注自身绩效，以便优化政府职能，强化政府责任。

地方财政支出管理贯穿在财政支出的整个过程，包括预算资金的分配、使用、核算、监督等环节，只有在每个环节加强制度与法制建设，严格管理，密切配合，才能保证财政支出的高效率。与此同时，加强地方财政支出绩效管理，设立科学的绩效考核标准，优化地方政府财政支出结构。

一、财政支出绩效评价

一方面，现行的财政管理体制决定的收支对比的矛盾越来越突出；另一方面，财政资金的挤占挪用、浪费、低效长期得不到根本改观。检验财政资源是否得到有效利用，关键在于核查财政支出是否得到有效安排；而核查财政支出是否得到有效安排则取决于财政支出绩效评价结果的好坏。通过进行财政支出绩效评价，可以确认财政资金是否得以合理分配，因而也可以逐步改变在资金分配与使用过程中出现的种种浪费以及不合理的现象，从而提高财政及公共资源的实际配置效率。社会资源如何在公共部门与私人部门间进行配置是公共支出绩效评价的重心。

（一）财政支出绩效评价的内容与方法

1. 目的与原则

（1）目的是通过对部门绩效目标的综合评价，合理配置资源，优化支出结构，规范预算资金分配，提高资金使用效益和效率。

（2）原则主要有统一领导原则、分类管理原则、客观公正原则、科学规范原则。

2. 内容与方法

（1）内容包括制定明确、合理的财政支出绩效目标，建立科学、规范的绩效评价指标体系，部门为完成绩效目标采取的管理措施，对绩效目标的实现程度及效果实施考核与评价，运用评价结果提高预算编制、执行和管理水平。

（2）方法。绩效评价采取定性和定量相结合的方式。①比较法，是指通过对绩效目标与绩效结果、历史情况与评价期情况、不同部门和地区同类支出的比较，综合分析评价绩效目标完成情况的评价方法；②因素分析法，是指通过分析影响目标、结果及成本的内外因素，综合分析评价绩效目标完成情况的评价方法；③公众评价法，是指对无法直接用指标计量其效果的支出，通过专家评估、公众问卷及抽样调查，对各项绩效评价内容的完成情况进行打分，并根据分值评价绩效目标完成情况的评价方法；④成本-效益分析法，是指将一定时期内的支出与效益进行对比分析，来评价绩效目标完成情况的评价方法。

3. 指标选择

绩效评价指标的选择要遵循以下原则：①相关性原则，即选定的绩效评价指标与部门的绩效目标要有直接的联系；②可比性原则，即保证评价结果可以相互比较；③重要性原则，即选择最具代表性、最能反映评价要求的指标；④经济性原则，即绩效评价指标的选择要考虑现实条件和可操作性，在合理成本的基础上进行评价。绩效评价程序一般分为前期准备、实施评价和撰写评价报告三个阶段。

（二）财政支出绩效评价的含义

1. 财政支出绩效含义

绩效即"成绩"和"效果"，而这种客观外部效果的取得往往跟主观努力程度是分不开的，所以"绩效"往往可以通过投入、过程和结果来描述。

我们将"绩效"定义为效益、效率和有效性的统称，它包括行为过程和行为结果两方面。就行为过程来看，它包括投入是否满足经济性要求、过程是否合规合理；就行为结果而言，它又包括产出和投入相比是否有效率、行为结果是否达到预期目标以及所产生的社会经济影响。

相应地，财政支出绩效是指财政支出目标完成所取得的效果、影响及其效率。

2. 财政支出绩效评价含义

财政支出绩效评价是指运用科学、规范的绩效评价方法，按照政府行为的效益、效率和效果原则,将以政府行为的成本-效益分析为核心的综合指标体系与标准行为作为评价依据,对财政支出的成本和产生的效益进行科学、客观、公正的衡量比较和综合评判(朱志刚,2003)。

3. 地方财政支出绩效评价

地方财政支出绩效评价是指地方财政部门根据设定的绩效目标,运用科学、合理的绩效评价指标、评价标准和评价方法,对地方财政支出的经济性、效率性和效益性进行客观、公正的评价。其中,省以下各级财政统称为地方财政。地方财政涵盖了省(自治区、直辖市)、省辖市、县(市、自治县)、乡(镇)财政。另外,还有计划单列市和经济特区财政等(陈志芳,2014)。

4. 建立财政支出绩效评价体系的核心

建立财政支出绩效评价体系的核心是把现代市场经济的理念融入财政预算支出管理中,使政府预算能像企业财务计划一样,强调公共财政支出及其管理中目标与结果的关系,形成一种新的面向财政支出结果导向的管理理念和管理方式,对政府和部门的行为进行约束,并通过这种约束保障政府和部门目标的实现,提高政府管理效率、资金使用效益和公共服务水平。

5. 财政支出绩效评价"3E"原则

"3E"原则,即经济性(economy)、效率性(efficiency)、效果性(effectiveness)。①经济性是指在从事某一项活动并使其达到合格质量的条件下耗费资源的最小化,它主要关注的是投入和整个过程中的成本;②效率性是指投入资源和产出的产品、服务或其他成果之间的关系,即以一定的投入取得最大的产出或以最小的投入取得一定的产出,即支出是否讲究效率;③效果性是指目标实现的程度与从事一项活动时期望取得的成果和实际取得的成果之间的关系。后来又加入了"公平性"(equity)指标。

二、地方财政支出绩效评价指标体系的构建

绩效财政是把经济学的成本收益方法延伸于政府行政领域,要求以绩效最大化作为一切财政工作的基本取向,来筹集和运用财政资金,制定和实施财政政策,履行和维护财政职能。简言之,绩效财政就是讲求绩效最大化的政府理财思想,讲求绩效最大化的财政运行机制。财政活动的绩效通过财政收入的绩效和财政支出的绩效来体现。实施财政支出绩效评价有助于提高财政支出绩效。

(一)财政支出绩效评价指标的类型

指标体系是财政支出绩效评价的核心问题,是揭示财政支出存在问题的重要量化手段。在评价指标设置上,既要有适合所有财政支出的共性的评价指标,以衡量不同受益单位与资金管理部门管理和使用财政专项资金的能力,又要有根据不同项目的特点而单独设计的个性化的评价指标,以反映特定项目利用财政专项资金的运作情况及其效果。同时,还应该根据项目的规模、性质,设计不同层次的指标以反映宏观和微观的评价需要。

1. 投入类指标

投入类指标是指用于反映政府部门提供公共服务所投入的人力、物力和财力的变量；可以用来说明投入一项工作的总成本、投入资源的组合或者数量。如：全时工作雇员数量、总营运成本、设备投资支出。

2. 过程类指标

过程类指标是指用于反映政府部门提供公共服务过程中质量控制的程度和执行预算计划的变量；可以用来说明公共服务提供过程中，是否按照计划进行、财政资金的使用是否有浪费现象等。如：是否按计划进行，根据管理指导方针设立的错误允许程度。

3. 产出类指标

产出类指标是指用于反映政府部门提供的公共产品或服务的数量或者完成的工作量的变量。简单说就是反映项目产出了什么和产出了多少。通过这类指标的历史比较可以反映出工作的变动性和稳定性等。如：警局归档的文件数量、人行道翻修公里数、派遣的紧急小组数量、垃圾无害化处理吨数。

4. 效果类指标

效果类指标是指用于反映一项工作、一种做法或计划达到预期目标的程度的变量。这类指标反映了达到的真实结果和相应的影响。效果类指标是从服务对象的角度来度量的。如：汽车排气污染物减少的百分比、火灾死亡人数降低数、参加成人扫盲后可以读写的人数。

5. 经济性指标

经济性指标是指用于反映公共产品和服务的单位成本的变量。它往往可以通过投入类指标、过程类指标和相应标准的比较得出。比较的目的就是通过经济性指标，考评为完成既定质量和数量的公共服务，财政的投入是否最低。比如，公共服务的各项投入是否以最低的价格从市场中获得，公共活动过程是否存在浪费等。如：公共汽车每公里营运成本、每件修理成本等。

6. 效率性指标

效率性指标是指用于反映既定的资源投入是否获得了最大的公共服务产出的变量，它往往通过投入类指标和产出类指标比较得出。如：单位财政投入所培训的人员、接受服务客户数量与工作人员之比、每位住院人员日均成本、解决一起诉讼的时间长度等。

7. 有效性指标

有效性指标是指用于反映财政支出目标的实现程度的变量，不仅如此，它还要考虑相应的投入，而且往往是将效率因素和效果因素放在一起考虑。此类指标如：正确修复每米管道的成本、成功填补一个空闲职位的成本、每个康复和出院的精神病人的成本等。

（二）财政支出绩效的理论依据

财政支出绩效评价不是凭空产生的，而是有特定的政治、经济和社会背景，以及相应的理论支撑。总的来看，财政支出绩效评价的理论基础主要来源于公共产品论、受托经济责任理论、成本-收益论以及财政支出增长论。

1. 公共产品论

政府部门在取得了相应的社会资源和要素之后，就面临另一个亟待解决的问题：在通盘考虑和安排整个预算支出的基础上，如何汇总和把握整个社会的私人偏好与预期，并据此达到最佳的资源配置状态。如一个地区的基础设施亟须改善和扩大，从该地区的预算总量中能拨出多大款项用于基础设施投资？基础设施投资的扩大，就意味着该地区的公共消费的相应压缩。而在投资额确定之后，该地区该上哪些基础设施项目，与不该上哪些基础设施项目，等等，都牵涉到政府是否有效配置了归自身支配的资源的问题。在这里，上这一个项目，就意味着下那一个项目；这个项目规模扩大了，就意味着那个项目的规模必须相应压缩。面对如此错综复杂的问题，应如何实现公共财政的资源配置最佳化，是公共财政学必须解决的问题。为此，依据市场效率标准，公共预算的安排，是必须以各项支出的边际效用均相等时的支出安排方为最佳。

2. 受托经济责任理论

受托经济责任理论认为，随着人类社会的发展，人类所拥有的财产规模不断膨胀，致使财产所有者无法直接经营和管理所掌握的财富与资源，由此必然导致财产所有权和财产经营管理权的分离。财产所有权与财产经营管理权的分离，又客观上导致了财产委托者对财产受托者进行经济监督的需要。因此，受托经济责任就是指财政受托者在经济上受托或受命履行自己的经济责任，并负有向委托者定期报告履行职责状况和结果的责任。在此关系中，委托人将其财产（资源）托付给受托人并赋予其相应的行为要求报酬和权力；受托人接受委托并对其承担特定经济责任。

绩效评价对受托经济责任的履行具有两个方面的作用：一是反映和控制受托经济责任的具体履行过程；二是反映受托经济责任履行的最终结果。在实践中，后者对于受托人来说更为重要，它是委托人了解责任履行状况的最基本依据。政府作为纳税人的代言人，代表纳税人筹集财政资金，并分配使用财政资金，有责任对其支出管理情况进行绩效评价，以判断其支出管理过程是否符合经济性、效率性和有效性原则，是否达到最大的财政支出效益，这种受托经济责任理论就构成了财政支出绩效评价的理论前提。

3. 成本-收益论

成本-收益论的基本原理是根据政府所确定的建设目标，提出实现该目标的各种方案，对这些可供选择的方案，用一定的方法计算出各方案的全部预期收益，通过计算成本-收益的比例，来比较不同项目或方案的收益，确定优先采用次序的一种理论方法。

政府经济职能主要体现在通过收支分配活动，将私营部门占用的或可能占用的资源集中到政府手中，由政府支配使用。由于一定时期的资源总是有限的，在配置资源时，首先要考虑的一个问题就是：将有限的资源交给政府支配或交给企业和个人支配，何者更能促进经济的发展和社会财富的增加？很显然，只有当资源由政府支配比由企业或个人支配产生更大的效益时，政府占用资源对社会才是有益的。因此，政府在做出财政支出决策之前进行成本-收益分析是必要的。

从经济角度来说，任何一项事业（无论是企业、个人还是政府）都有其投入与产出。投入就意味着支付一定的代价（或称作成本）；产出则可获得一定的利益（或称为收益）。政府财政支出绩效的原则，是通过财政支出，优化资源配置，提高劳动生产率和各种要素的贡献，以获取最大的经济效益。因此对公平与效率的追求贯穿于整个政府财政活动中。财政支出反映政府的政策选择，同时也代表政府提供公共产品与服务所造成的耗费。

4. 财政支出增长论

德国经济学家瓦格纳于1882年提出了"公共支出不断增长法则"。认为一国政府的财政支出与经济增长之间存在正相关函数关系。即随着国家职能扩大和经济发展，要求保证行使国家职能的公共支出应不断提升。为满足财政支出不断增长的需要，要么采取增税政策和增发国债政策；要么采取提高财政支出效率的政策，使有限的资金发挥更大的效用。在经济没有发展的前提下，采取增税政策是不明之举。因为增税政策的推行，必定会增加整个社会的负担。整个社会负担增加，会抑制经济发展。即使在经济发展情况下，采取增税政策同样也是不科学的。

在一国经济不景气的情况下，采取增发国债政策在一定程度上不但不会抑制经济发展，反而会通过拉动内需来促进经济增长。国债规模大小要受上一年度的国债依存度、国债负担率、国债负债率、居民应债能力、宏观税率水平、财政收入集中度制约。因此，靠发国债来满足财政支出增长的需要的空间极为有限。从这种意义上，提高财政支出效益大为必要。财政支出效益的提高，使一定量的财政收入发挥更多、更大的效用，而且使经济效率得到提高。目前财政支出效益如何？转换财政职能、调整财政支出结构等改革后，对财政支出效益的影响多大？诸如此类的问题都需要实施财政支出绩效评价。

（三）中国目前财政支出绩效评价采用的主要方法

财政支出绩效评价的方法就是在具体评价过程中应该采用的工具和评价的技术规范，包括定量分析方法、定性分析方法或两者相结合。评价方法的科学性和合理性直接决定评价结果的优劣。我国对财政支出绩效进行评价的方法主要有下列几种。

1. 成本-效益分析法

成本-效益分析法，又称为投入产出法，是对财政支出绩效分析和评价的最基本、最常用的方法。该方法针对财政支出绩效确定的目标，比较支出所产生的效益及所付出的成本，通过比较分析，判定以最小成本取得最大效益的项目是最优项目。

（1）成本-效益分析法的内容。根据政府规定的财政支出项目的目标提出一个或多个方案以备选择。备选方案越多，选择的余地越大，选取优秀方案的可能性也大。第一步是分割项目，对每一个不同的支出项目进行成本-效益分析，接下来提出有关在已经进行成本-效益分析之后的不同支出项目之间实施削多补少的调剂方案，这样做的目的在于把某些（某个）项目中因支出过多而造成项目结果无效益的环节削减下来，增补给有效益的项目，最终使这些不同支出项目的边际收益趋于相同，这才能实现财政支出项目的社会效益最大化。

（2）对备选方案的成本和效益进行统一尺度的计量。用统一的计量尺度来计量成本和效益，可以使不同的备选方案在同一标准下具有横向和纵向的可比性。

（3）用贴现法计算连续若干年的各备选方案的现值。为了能够合理科学地分析不同年限、不同类别的已有备选方案，需要我们用贴现法首先计算出下一个年份的该财政支出项目成本和效益的现值。

（4）对已有的一个或多个备选方案进行筛选。决策者最终挑选哪一个或者哪几个备选方案，所遵循的原则首先是追求效益最大化，其次是考虑成本因素的净效益最小，最后一个因素是该财政支出项目所使用的预算资金最少。

2. 因素分析法

因素分析法注重考察政府采购活动所需要的直接费用和间接费用，将各种费用因素尽量多地列举出来，并同时将可能产生的直接收益和间接收益列举出来，进行综合分析。

3. 最低费用选择法

最低费用选择法又称为最低投入法，这种方法主要用于在无法取得有关政府采购项目的预期收益时，分析比较项目的投入、费用或成本，最低的就是最优项目。

此法与成本-效益分析法的主要区别，是最低费用选择法不用货币单位来计量备选的财政支出项目的支出结果所带来的社会效益，仅仅计算每项财政支出备选项目的有形的、可见的成本，以成本最低为标准选择最优备选项目并着手实施。

在政府规定目标不变的条件下提出多种备选方案。然后，分别计算出各个备选方案的有形费用。如果涉及垄断价格，要运用影子价格消除其包含的不合理的价格因素。在多年投资的项目中，要用贴现法换算出费用流的现值，从而保证不同备选方案费用的可比性。最后，按照优前劣后的顺序列表供决策者择优选用。

4. 公共服务收费法

公共服务收费法是通过政府制定的公共服务价格，用定价和收费的方法，达到对公共服务的节约使用。这是与成本-效益分析法及最低费用选择法不同的方面。政府在提供劳务时可在免费与收费之间进行选择。免费有助于最大限度地使用，但会造成浪费。对公共服务定价，能够用来改进政府资源的使用状况。对特定的公共服务收费，可以增加一部分公共收入，同时也会促进公众节约使用公共服务。

5. 财务社会评价法

财务社会评价法以支出活动为主要内容，包括支出涉及的财务活动和支出活动对外部社会经济政治的影响两个方面。因此，对公共支出效益的评价，首先应对财政的支拨数量、使用效果与所提供的社会共同事务进行比较分析，确定其是否按照预算规模的目的合理使用，使用的效果怎样。其次，应对财政资金的支拨活动对国民经济和社会各方面诸如政治、经济、科学文化、人民生活等的影响进行分析评价和描述（王韶华，2016）。

复习思考题

1. 根据地方政府的财政职能，分析我国财政支出的范围。
2. 我国财政支出的现状如何？
3. 什么是财政支出的绩效评价？

第五章

地方财政收入

教学目标

1. 了解地方财政收入的类别。
2. 了解地方财政收入的规模与结构。

地方财政收入是指为满足地方政府履行其职能而获取的各种收入。在现代社会，地方税是地方政府财政收入的主体。除了地方税，各国地方财政收入体系中还包括地方政府收费收入、地方财产性收入、地方债务收入和来自上级政府的转移支付收入等多种形式。

第一节 地方财政收入概述

财政收入，亦称政府收入或公共收入，是指政府为履行职能而筹集的一切资金的总和。从根本上说，财政收入产生于社会公共利益的需要，是为了满足社会共同需要而由政府筹集的收入。从动态的角度看，财政收入是政府筹集财政资金的过程，是以国家为主体的分配活动的一个阶段或一个环节，通过组织收入、筹集资金，形成特定的分配关系。从静态的角度看，财政收入是国家通过一定的形式和渠道集中起来的以货币表现的一定量的社会产品价值。根据财政收入的归属不同，可分为中央财政收入和地方财政收入。

一、地方财政收入定义

地方财政收入是指地方财政年度收入，包括地方本级收入、中央税收返还和转移支付，由省（自治区、直辖市）、县或市（自治州、自治县）的财政收入组成。地方财政收入是满足各级地方政府履行职能，保证地方财政支出的需要，在预算年度内按照财政预算法或地方财政法规定划归地方政府集中筹集和支配使用的财政资金，是各级地方政府履行职能的财力保障。

二、地方财政收入分类

根据不同的分类标准，可以对地方财政收入进行分类。

（一）按收入来源分类

按收入来源分类，又有两种不同的分类。

（1）以地方财政收入的所有制结构为标准，将地方财政收入分为国有经济收入、集体经济收入、私营与个体经济收入、合资与合营经济收入、外商独资经济收入和股份制经济收入等。

（2）以地方财政收入来源中的部门结构为标准，将地方财政收入分为工业部门和农业部门收入，轻工业部门和重工业部门收入，生产部门和流通部门收入，第一产业部门、第二产业部门和第三产业部门收入等。

（二）按收入形式分类

按收入形式，财政收入分为税收收入和非税收入两大类。

（1）税收收入。税收收入是政府凭借其公共权力无偿占有的一部分社会资源或收入，包括所得税、商品税、财产税、资源税等各项税收。从数量上看，税收收入通常也是一个国家主要的财政收入来源，它在财政总收入中占有绝对的主体地位。

（2）非税收入。非税收入是相对于税收收入而言的，是指在国家（政府）依照税法征税取得税收收入以外，各级行政机关、司法机关和代表政府行使管理职能的事业单位，以专项收入、公共债务收入、规费和使用费等形式向法人、社会团体和居民个人取得的收入，以及依据财产权利收取的国有资本经营收入、国有资源（资产）有偿使用收入等收入。

（三）按预算形式分类

按预算形式，可以分为一般公共预算收入、政府性基金收入、国有资本经营预算收入、社会保险基金预算收入。

1. 一般公共预算收入

一般公共预算是对以税收为主体的财政收入，安排用于保障和改善民生、推动经济社会发展、维护国家安全、维持国家机构正常运转等方面的收支预算。

地方一般公共预算收入总量等于地方一般公共预算收入与地方财政使用结转结余及调入资金两者之和。

地方一般公共预算收入等于地方一般公共预算本级收入与中央对地方税收返还和转移支付收入两者之和。

一般公共预算收入主要包括以下几个部分。

（1）地方财政税收收入：主要包括地方财政国内增值税、地方财政企业所得税、地方财政个人所得税、地方财政资源税、地方财政城市维护建设税、地方财政房产税、地方财政印花税、地方财政城镇土地使用税、地方财政土地增值税、地方财政车船税、地方财政耕地占用税、地方财政契税、地方财政烟叶税等收入。

（2）地方财政非税收入：主要包括地方财政专项收入、地方财政行政事业性收费收入、地方财政罚没收入、地方财政国有资本经营收入、地方财政国有资源（资产）有偿使用收入、地方财政其他非税收入等。

（3）中央对地方一般公共预算转移支付收入：主要包括一般性转移支付收入和专项转移支付收入。

返还性收入：所得税基数返还收入、成品油税费改革税收返还收入、增值税税收返还收入、消费税税收返还收入、增值税"五五分享"税收返还。

一般性转移支付收入：均衡性转移支付、县级基本财力保障机制奖补资金收入、结算补助收入、资源枯竭城市转移支付收入、成品油税费改革转移支付收入、产粮大县奖励资金收入、重点生态功能区转移支付收入、固定数额补助收入、革命老区转移支付收入、民族地区转移支付收入、欠发达地区转移支付收入、共同事权转移支付（包括公共安全、教育、科学技术、文化旅游体育与传媒、社会保障和就业、医疗卫生、节能环保、农林水、交通运输、资源勘探工业信息等、住房保障、粮油物资储备、灾害防治及应急管理等共同事权转移支付）、增值税留抵退税转移支付、补充县区财力转移支付、其他一般性转移支付、税收返还及固定数额补助等。

专项转移支付收入：一般公共服务，如公共安全、教育、科学技术、文化体育与传媒、社会保障和就业、医疗卫生与计划生育、节能环保、城乡社区、农林水、交通运输、住房保障等。

2. 政府性基金收入

政府性基金预算是国家通过向社会征收以及出让土地、发行彩票等方式取得收入，专项用于支持特定基础设施建设和社会事业发展而发生的收支预算。政府性基金预算根据基金项目收入情况和实际支出需要，按基金项目编制，以收定支，具有专款专用性。地方政府性基金收入为地方政府性基金本级收入、中央政府性基金对地方转移支付收入和地方政府专项债务收入三者之和。

来自地方政府性基金收入中的国有土地使用权出让金收入是我国政府性基金收入的重要来源，近年来国有土地出让金收入占政府性基金收入的比例不断提高，2022年地方土地出让金达到65 326亿元，占地方政府性基金收入的比例高达87.6%。除国有土地使用权出让金收入外，涉及土地基金还有国有土地收益基金收入、农业土地开发资金收入几种。

按照2022年全国政府性基金收入决算表可知，我国现有农网还贷资金收入、铁路建设基金收入、民航发展基金收入、旅游发展基金收入、国家电影事业发展专项资金收入、国有土地使用权出让金收入等25项政府性基金收入，涉及地方政府的基金有中央和地方共享基金，如农网还贷资金收入，也有专门的地方政府性基金，如海南省高等级公路车辆通行附加费收入等。下面就几项地方政府性基金或中央地方共享的政府性基金进行说明。①

（1）中央农网还贷资金。经国务院批准设立，2001 年财政部印发《农网还贷资金征收使用管理办法》（财企〔2001〕820 号）。基金对农网改造贷款"一省多贷"（农网改造工程贷款由多个电力企业承贷）省份的电力用户征收，征收标准为 2 分/千瓦时。收入按国家批准的农网改造贷款计划分别上缴中央、地方国库，主要用于农村电网改造贷款还本付息。目前有关办法未规定实施期限。

（2）民航发展基金。依据《国务院关于印发民航体制改革方案的通知》（国发〔2002〕6 号）、《国务院关于促进民航业发展的若干意见》（国发〔2012〕24 号）、《财政部关于民航发展基金和旅游发展基金有关问题的通知》（财税〔2015〕135 号）、《民航发展基金征收使用管理暂行办法》（财综〔2012〕17 号）等有关规定征收使用。民航发展基金收入有两个来源：一是向中国境内注册设立并使用中国航线资源从事客货运输业务的航空运输企业和从事公务飞行的通用航空企业征收，标准按照飞行航线分类、飞机最大起飞全重、飞行里程设定，2020 年以来两次下调征收标准以支持落实减税降费政策要求。二是向中国境内乘坐国内、国际和地区（香港、澳门和台湾，下同）航班的旅客征收，乘坐除支线航班以外的国内航班旅客每人次 50 元，乘坐国际和地区航班的旅客每人次 70 元。民航发展基金主要用于支持民航事业发展，包括机场飞行区、航站区、机场围界、民航安全、空中交通管制系统等基础设施建设；对支线航空、中小型民用运输机场进行补贴；加强持续安全能力和适航审定能力建设等。经国务院批准，民航发展基金自 2021 年 1 月 1 日起继续征收，截止日期另行明确。

（3）旅游发展基金。为促进我国旅游业发展，1991 年国务院批准设立了旅游发展基金，从乘坐国际和地区航班出境的中外旅客缴纳的民航发展基金中提取，提取标准为 20 元/人次，收入全部为中央收入，主要用于支持旅游业发展。按照《财政部关于印发〈旅游发展基金项目资金支出管理办法〉的通知》（财教〔2021〕93 号），旅游发展基金支出分为中央本级和补助地方项目资金。其中，中央本级项目资金主要用于国内外旅游宣传推广；补助地方项目资金主要用于旅游公共服务提升、旅游业转型升级融合发展等。经国务院批准，旅游发展基金自 2021 年 1 月 1 日起继续征收，截止日期另行明确。

（4）国家电影事业发展专项资金。依据《电影管理条例》设立，对办理工商注册登记的经营性电影放映单位征收，征收标准为电影票房收入的 5%。收入中央、地方按 4∶6 比例分成，主要用于支持电影事业发展，包括资助影院建设和设备更新改造，资助少数民族电影译制，资助重点制片基地建设发展，奖励优秀国产影片发行和宣传推广。为规范资金管理，财政部和电影主管部门印发《国家电影事业发展专项资金征

---

① 《关于 2022 年中央政府性基金收支决算及相关政策的说明》，http://yss.mof.gov.cn/2022zyjs/202307/t20230714_3896446.htm［2023-07-14］。

收使用管理办法》（财税〔2015〕91号）、《中央级国家电影事业发展专项资金预算管理办法》（财教〔2019〕260号）等文件。目前有关办法未规定实施期限。

（5）彩票公益金。根据《彩票管理条例》、《彩票管理条例实施细则》以及《财政部关于印发〈彩票公益金管理办法〉的通知》（财综〔2021〕18号）等规定，彩票公益金按照规定比例从彩票发行销售收入中提取，专项用于社会福利、体育等社会公益事业发展。彩票公益金中央与地方按5∶5比例分成，中央集中部分按60%、30%、5%和5%的比例分配至全国社会保障基金、中央专项彩票公益金、民政部和国家体育总局。其中，中央专项彩票公益金使用范围包括红十字事业、残疾人事业、教育助学、文化艺术、乡村振兴、养老服务等。目前有关办法未规定实施期限。

（6）国家重大水利工程建设基金。经国务院批准设立，2009年财政部会同国家发展改革委、水利部印发了《国家重大水利工程建设基金征收使用管理暂行办法》（财综〔2009〕90号）。该基金利用三峡工程建设基金停征后的电价空间设立，对除西藏自治区等以外的全国销售电量计征，用于解决南水北调工程建设资金缺口、三峡工程后续问题以及加强中西部地区重大水利工程建设。14个南水北调和三峡工程受益省份筹集的基金，全额上缴中央国库，由中央财政安排用于南水北调工程建设、三峡工程后续工作、支付三峡工程公益性资产运行维护费用和支付基金代征手续费；16个南水北调和三峡工程非受益省份筹集的基金，全额上缴省级国库，由相关省份安排用于本地重大水利工程建设。经国务院批准，基金征收期限截至2025年底。

（7）抗疫特别国债财务基金。为做好抗疫特别国债的还本付息工作，设立"抗疫特别国债财务基金"，用于中央财政安排付息资金和地方财政归集还本资金。

3. 国有资本经营预算收入

国有资本经营预算是国家以所有者身份对国有资本实行存量调整和增量分配而发生的各项收支预算，是政府预算的重要组成部分。地方国有资本经营预算收入总量为地方国有资本经营预算本级收入和中央国有资本经营预算对地方转移支付收入两者之和。

国有资本经营预算收入是指经营和使用国有财产取得的收入，具体包括以下项目内容。

（1）利润收入，即国有独资企业按规定上交给国家的税后利润。

（2）股利、股息收入，即国有控股、参股企业国有股权（股份）享有的股利和股息。

（3）产权转让收入，即国有独资企业产权转让收入和国有控股、参股企业国有股权（股份）转让收入以及国有股减持收入。

（4）清算收入，即扣除清算费用后国有独资企业清算收入和国有控股、参股企业国有股权（股份）享有的清算收入。

（5）其他国有资本经营收入。

（6）上年结转收入。

4. 社会保险基金预算收入

社会保险基金预算是通过社会保险缴款、一般公共预算安排和其他方式募集的资金，专项用于社会保险的收支预算，即根据国家社会保险和预算管理法律法规建立的反映各项社会保险基金收支的年度计划。社会保险各项基金预算严格按照有关法律法规规范收支内容、标准和范围，具有专款专用性。在预算体系中，社会保险基金预算单独编报，与一般公共预算和国有资本经营预算相对独立、有机衔接。社会保险基金预算不能用于平衡一般公共预算，一般公共预算可补助社会保险基金预算。地方社会保险基金预算收入主要包括以下几个方面。

（1）企业职工基本养老保险基金收入，含保险费收入、财政补贴收入、利息收入、委托投资收益。

（2）城乡居民基本养老保险基金收入，含缴费收入、财政补贴收入、利息收入、委托投资收益、集体补助收入。

（3）机关事业单位基本养老保险基金收入，含保险费收入、财政补贴收入、利息收入、委托投资收益。

（4）职工基本医疗保险基金收入，含保险费收入、财政补贴收入、利息收入。

（5）居民基本医疗保险基金收入，含保险费收入、财政补贴收入、利息收入。

（6）工伤保险基金收入，含保险费收入、财政补贴收入、利息收入。

（7）失业保险基金收入，含保险费收入、财政补贴收入、利息收入。

除此之外，地方社会保险预算基金还包括中央下拨全国统筹调剂资金和上级补助收入。上级补助为统筹使用中央社会保障基金财政专户结余资金，解决地方养老保险方面的突出问题和特殊困难。

第二节　中国地方财政收入的规模与结构

地方财政收入规模指地方财政收入的总体水平，是衡量一个地方政府财力的重要指标，它体现地方政府在国民收入分配中所占的份额，地方政府与企业、居民个人之间占有和支配社会资源的关系，以及地方政府在经济社会生活中的地位和作用。

一、地方财政收入规模分析

地方财政收入规模是地方财政收入分析的重要内容，适当的地方财政收入规模可以最大限度地平衡地方政府的财权和事权，并对经济增长起推动作用。

（一）地方财政收入规模及衡量指标

中国地方财政收入的规模，可以从绝对指标和相对指标两个层面上来分别加以度量。

1. 衡量地方财政收入规模的绝对指标

地方财政收入规模的绝对指标指地方财政收入总额或地方财政总收入，它反映一定时期一个地方政府财政收入的数量、构成、形式和来源。

如图 5-1 所示，我国地方财政收入从总量上一直呈现出逐年增加的态势，其增速普遍高于全国财政收入增速。但地方财政收入增速从 2012 年起开始回落，且 2020 年和 2022 年为负增长状态。

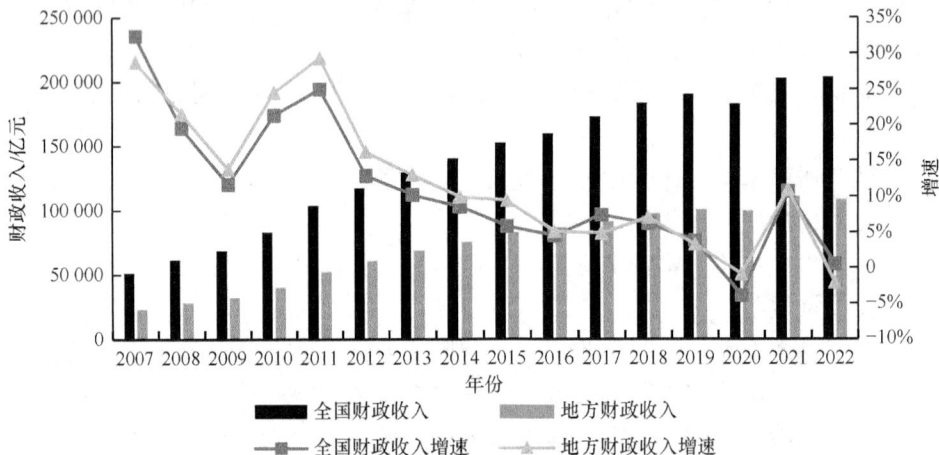

图 5-1　2007～2022 年全国财政收入与地方财政收入及其增速变化趋势图

2. 衡量地方财政收入规模的相对指标

地方财政收入规模的相对指标反映地方政府对一定时期内新创造的社会产品价值总量（或地区生产总值）的集中程度，又称为财政集中率（K），用该地区财政收入（FR）与地区生产总值（GDP）的比值表示，即

$$K = \frac{FR}{GDP} \times 100\%$$

（二）影响地方财政收入规模的主要因素

地方财政收入规模是衡量各地方政府财政能力和地方政府在社会经济生活中职能范围的重要指标，保证财政收入持续稳定的增长始终是各国、各地方政府的主要财政目标。但是财政的收入规模和增长速度并不以政府的意愿为转移，要受到各种政治、经济条件的制约和影响。财政收入的规模具有客观性，它是多种因素共同作用的结果。制约地方财政收入规模的因素主要有以下几个方面。

（1）地方经济发展水平。这是影响地方财政收入的最基本因素。地方经济发展的状况决定地方财政收入的情况，地方财政收入是随着地方经济发展而改变的。地方经济发展的水平是制约地方财政收入的根本因素，只有保证经济快速稳定地增长，才能实现财政收入的稳定增长。当地方的经济快速增长，社会所创造的价值就会增多。而直接的结果就是企业的利润不断提高，个人的收入也不断增长，最后促进地方财政收入的增长。

（2）生产技术水平。生产技术水平内含于经济发展水平之中，也是影响地方财政收入规模的重要因素。生产技术水平是指采用先进技术的程度，它对财政收入的制约有两方面：一是技术进步导致生产速度加快、生产质量提高，技术进步越快，社会产品和GDP的增长也越快，财政收入的增长就有了充分的财源；二是技术进步必然带来物耗降低、经济效益提高，剩余价值所占的比例扩大。由于财政收入主要来自剩余产品价值，所以技术进步对财政收入的影响更直接。

（3）价格水平。价格总水平变动通过财政收入制度影响地方财政收入水平，产品比价关系变动影响地方财政收入。不同税收制度受价格的影响不一，当一个国家的财政收入制度主要采用累进制所得税的征收方式时，情况会有所不同，由于以货币计值的各种收入会随着价格的升高而增大，其纳税所得也会随之升高，这就必然起到提高财政收入分配比例的作用，即出现"档次爬升"效应，其结果使财政收入的增长速度快于价格水平的上升幅度，反之，价格水平的下降会使财政收入的下降幅度快于价格水平的下降幅度，起到降低财政收入分配比例的作用。

如果一个国家实行的是以比例税率的流转税为主体的税制，就意味着当税收收入的增长等同于物价上涨率，财政收入只有名义上的增长而不会有实际增长。如果一个国家实行的是定额税制，税收收入的增长总要低于物价上涨率，即使财政收入有名义上的增长，实际也必然是下降的。

此外，如果一个国家价格水平的提高是由财政性货币发行引起的，则财政收入也会因此获得额外的增加，即通货膨胀税，在这些情况下，价格变动会对财政收入产生实质性影响，从而也会影响到地方政府财政收入水平。

由此可知，在衡量一个国家或地区财政收入规模时一定要考虑价格因素。价格总水平的变动往往还和产品比价关系变动同时发生，而产品比价关系变动将以另外一种形式影响财政收入，一是产品比价关系变动会引起货币在企业、部门和个人等经济主体之间的转移，形成国民收入的再分配，而使财政收入在企业、部门和个人之间的分布呈非均衡状态。或者说，各经济主体上缴财政的税收比例是不同的，这样，产品比价关系变化导致财源分布结构改变时，相关企业、部门和个人上缴的税收就会有增有减，而增减的综合结果最终影响财政收入规模。

（4）收入分配政策和分配制度。主要表现在：①国民收入分配政策决定剩余产品价值占整个社会产品价值或国民收入的比例，进而决定财政分配对象的大小；②财政分配政策决定财政集中资金的比例，从而决定财政收入规模的大小；③财政体制或中央与地方政府财政关系变化也会影响到财政资金在中央与地方的分配。1978年中国进行经济体制改革以来，中央和地方政府的财政分配关系经历了1980年、1985年、1988年和1994年四次重大改革。其中前三次体制改革具有一定的共性，就是实行对地方政府放权让利的财政包干体制，这三次改革对地方财政收入、地方财政收入占比和地方税收收入的影响较小。第四次则是适应市场经济体制的分税制财政体制改革，分税制财政体制改革是为提高中央财政收入占全国财政收入的比例，实现政府间财政分配关系的规范化，1993 年底进行了财税体制改革，拉开了分税制的大幕。分税制改革使地方财政收入增长率、地方税收收入增长率和地方财政收入占全国财政总收入的比例发生了较大的变化。而随后的所得税分享、"营改增"后增值税分享比例变化等，也相应影响到地方财政收入规模。

（三）最优财政收入规模

由于财政收入是政府参与国民收入的一种再分配方式，财政收入的多少一方面反映政府从社会创造财富中获取的多少，另一方面也反映出居民及企业负担的轻重。一般而言，财政收入应有一个最佳规模，过高和过低都存在不利的一面。分析判断地方财政收入规模大小和多少，应从以下几个方面展开。

（1）运用的计算口径和方法须一致。衡量财政收入的多少，选择的统计口径及方法必须一致，才能具有可比性。一般财政收入的统计有三个口径。

大口径的财政收入，指所有政府性收入占 GDP 比例；中口径的财政收入，指一般公共预算收入占 GDP 比例；小口径的财政收入，指一般公共预算收入中财政本级收入占 GDP 比例。

（2）与地方经济发达程度相适应。地方财政收入主要来源于该地区各种税、费、债等。而各种税、费、债要与各个地方的经济发达程度相适应，不能多收而造成地方企业严重的税收负担，影响经济的发展，也不能一味追求经济发展而少收，导致财政收入的损失。

（3）与地方政府职能大小相关联。财政分配的主要目的是实现国家政府职能的各种需要，因此，政府职能范围是决定财政收入规模的直接因素。一般来说，政府职能范围越大，需要的财政支出和财政收入的规模也就越大。

（4）与地方政府提供的公共服务相对应。地方财政收入的主要用途是为该地区提供相关的公共服务设施，所以地方财政收入的规模应该要与地方政府所提供的公共服务相对应。

可见，最优财政收入规模其实是一个相对的、动态的概念，是一种在一定时期处于社会经济均衡状态下的适度规模，一种持之以恒、不断靠拢和接近最优的状态。

二、地方财政收入结构分析

财政收入规模及结构与社会再生产和人民生活息息相关，关系着国民经济的发展和社会的稳定，同时也体现了政府的履职能力，政府不仅要注重扩大财政收入规模，更应注重对财政收入结构的优化。在对财政收入规模进行分析的基础上对财政收入结构进行分析，能够了解结构中各项发展的规律，揭示财政收入增长的趋势，发现财政收入结构中的不合理现象，探求增加政府财政收入的合理途径，为进一步提高政府财政收入提供依据。

（一）地方财政收入结构

地方财政收入结构，是指以价值形式表现的地方财政收入内部要素比例和构成关系，反映地方财政收入中不同收入、不同来源形式之间的比例关系。对地方财政收入结构深化分析的目的在于掌控国民经济各个部门在地方经济中的变化发展，揭示地方政府收入政策增长的趋势和特点，把握地方政府收入形式的实践效果及对整个地方财政的影响。确立完整的地方财政收入制度管理的办法，寻求增加地方财政收入的正确途径。

1. 地方财政收入的形式结构

财政收入的形式结构指的是取得财政收入的不同形式。一般来说，财政收入分为税收收入和非税收入两大类，其中税收收入是财政收入中最主要的收入形式。地方财政税收收入和非税收入占地方财政收入比例见表 5-1。

表 5-1　地方财政税收收入和非税收入占地方财政收入比例

年份	地方财政收入/亿元	地方财政税收收入/亿元	地方财政非税收入/亿元	税收收入占比	非税收入占比
2007	23 572.62	19 252.12	4 320.50	81.67%	18.33%
2008	28 649.79	23 255.11	5 394.68	81.17%	18.83%
2009	32 602.59	26 157.44	6 445.15	80.23%	19.77%
2010	40 613.04	32 701.49	7 911.55	80.52%	19.48%
2011	52 547.11	41 106.74	11 440.37	78.23%	21.77%
2012	61 078.29	47 319.08	13 759.21	77.47%	22.53%
2013	69 011.16	53 890.88	15 120.28	78.09%	21.91%
2014	75 876.58	59 139.91	16 736.67	77.94%	22.06%
2015	83 002.04	62 661.93	20 340.11	75.49%	24.51%
2016	87 239.35	64 691.69	22 547.66	74.15%	25.85%
2017	91 469.41	68 672.72	22 796.69	75.08%	24.92%
2018	97 903.38	75 954.79	21 948.59	77.58%	22.42%
2019	101 080.61	76 980.13	24 100.48	76.16%	23.84%
2020	100 143.16	74 668.06	25 475.10	74.56%	25.44%
2021	111 084.23	83 789.27	27 294.96	75.43%	24.57%
2022	108 762.15	76 643.03	32 119.12	70.47%	29.53%

资料来源：国家统计局

从一般公共预算构成来看，地方财政税收收入占绝大比例，占比约在 70%~82%，但这一占比大体呈逐年下降趋势，2022 年较之 2007 年，税收收入占比下降约 11 个百分点。当然，非税收入呈现出相反的发展态势。

中国的地方税收收入占比呈现下降趋势，与我国实行分税制有密不可分的关系，在实行分税制以前,地方财政收入占全国财政收入的大部分,然而随着分税制的实行,许多税种归中央所有,地方财政收入急速下降。地方财政收入从 1993 年的 3391.44 亿元下降到 1994 年的 2311.60 亿元,地方财政收入占全国财政收入的比例从 1993 年的 78.0%下降到 1994 年的 44.3%。分税制改革使地方财政收入大幅度下降,而地方财政收入增长率从 1993 年的 35.45%下降到 1994 年的-31.84%。在地方财政收入急剧减少的情况下,非税收入成为地方政府弥补税收不足的重要收入来源,这是地方税收收入占比下降的主要原因。

当然,在不同的省(自治区、直辖市),非税收入在地方财政收入中所占的比例是不同的。经济较为发达的省(自治区、直辖市),由于地方税收收入相对充裕,对非税收入的依赖度就要低一些,如 2007~2022 年,北京市非税收入在地方财政本级收入中所占比例的非加权平均值为 10.77%,有的年份甚至低至 3.36%;而经济发展水平相对低些的省(自治区、直辖市)对非税收入的依赖度就要高许多,如 2007~2022 年,非税收入在安徽省地方财政本级收入中所占比例的非加权平均值就高达 29.45%,最低的年份也有 23.71%,最高的年份甚至达到 37.4%,远高于北京等发达地区的水平;西部地区则非税收入占比更高,如贵州省的平均值为 32.04%,最低年份也有 24.88%,最高年份则高达 45.84%。

2. 地方财政收入的部门结构

以地方财政收入来源中的部门结构为标准,将地方财政收入分为工业部门收入和农业部门收入,工业部门收入可分为轻工业部门收入和重工业部门收入,生产部门收入和流通部门收入。

地方财政收入的部门结构也可按三次产业结构划分,即按第一产业(农业)、第二产业(工业、建筑业)和第三产业(服务、流通部门)划分,形成以产业部门为主的财政收入结构。随着我国地方经济的发展,三大产业部门占税收收入的贡献率也在不断变化;通过比较三产的税收贡献率,可以大概清楚地方三产的布局情况,也可以预测地方财政税收的可持续性,在一般情况下,三产的税收贡献率排序如果分别是三、二、一,可以判断地区产业布局偏合理,税收的来源具有可持续性,证明地方财政收入结构质量较好。农业是国民经济的基础,其特点是与其他产业相比明显存在弱势,因此农业对财政收入的直接贡献率不高,特别是在取消农业税后,农业对财政收入的贡献率进一步下降,但这是经济发展到目前阶段的必然选择。工业是财政收入的主要来源,重工业创造的产值在国民经济中占很大比例。在我国长期实行以流转税为主体税制的现状下,工业部门缴纳的税收在财政收入中一直占很大比例,是财政收入的支柱。以商业、服务业为代表的第三产业在现代经济中增长加快,随着在现代经济中地位的提高,其对财政收入的贡献率也越来越大。三产税收收入及占比见表 5-2。

表 5-2 三产税收收入及占比

年份	第一产业税收收入/亿元	第二产业税收收入/亿元	第三产业税收收入/亿元	第一产业税收收入占比	第二产业税收收入占比	第三产业税收收入占比
2003	4.71	2 338.43	3 960.47	0.07%	37.10%	62.83%
2004	4.70	2 862.90	4 996.27	0.06%	36.41%	63.53%
2005	6.10	3 561.83	5 963.82	0.06%	37.37%	62.57%
2006	12.57	4 250.75	7 185.54	0.11%	37.13%	62.76%
2007	12.04	5 419.16	9 595.82	0.08%	36.06%	63.86%
2008	20.58	6 653.38	11 627.19	0.11%	36.35%	63.53%
2009	27.36	7 290.28	13 318.81	0.13%	35.33%	64.54%
2010	35.28	9 060.41	16 794.76	0.14%	35.00%	64.87%
2011	39.11	11 733.68	21 495.02	0.12%	35.27%	64.61%
2012	71.46	13 780.14	28 340.35	0.17%	32.66%	67.17%
2013	81.95	14 824.86	32 407.15	0.17%	31.33%	68.49%
2014	116.58	16 038.81	35 155.11	0.23%	31.26%	68.51%
2015	105.06	16 675.24	38 068.77	0.19%	30.40%	69.41%
2016	102.29	14 537.41	36 416.28	0.20%	28.47%	71.33%
2017	116.04	12 238.94	33 284.84	0.25%	26.82%	72.93%

资料来源：财政部、国家税务总局

注：占比合计不为100%是四舍五入修约所致

3. 地方财政收入的所有制结构

地方财政收入的所有制结构指的是不同经济成分中取得的财政收入在总收入中所占的比例。这种结构分析的意义，在于说明国民经济所有制构成的财政收入规模和结构的影响，以便采取相应的有效措施增加财政收入。

地方财政收入来源的构成，受当时社会经济结构等方面的制约，以一定的生产资料所有制为基础。在社会主义基本经济制度条件下，财政收入主要来自社会主义国有经济和集体经济创造的收入。但在不同时期，财政收入来自各种所有制的比例结构有所不同，改革开放以后我国实行以公有制为主体、多种所有制经济共同发展的基本经济制度表明了在财政收入中国有经济的财政收入占主要地位，自 20 世纪 80 年代以来，随着农村经济体制改革的不断深入，乡镇企业异军突起；集体经济呈不断壮大之势，来自集体经济的财政收入不断增加；同时，我国的私营经济和个体经济经过 40 多年的发展，已经形成了一定的经济实力和社会影响，为国家上缴的财政收入正日益增加。另外，外商独资、中外合资企业也有了很大的发展，国家从这些企业中获得的税收收入也在不断增加。随着集体经济、个体私营经济以及其他经济的快速发展，非国有经济提供的税收收入在财政收入中所占比例迅速增长。它们逐渐成为国家财政收入的重要组成部分。对财政收入的所有制结构进行分析，可以明确所有制构成对财政收入结构的影响程度，从而提出合理调整财政收入结构的建议。

（二）地方财政收入结构的变化趋势

实际上，我国现阶段的情况可以用"经济新常态"来表述，基于"经济新常态"，地方各级政府需要认真分析当下现状和本质特征，进而更加有效地分析与预测地方财政收入的未来趋势和变化，为推动我国经济持续健康发展做贡献。

地方财政收入从形式上可分为税收收入和非税收入，税收收入包括所得税、商品税、财产税、资源税等各项税收；非税收入又分为专项收入、行政事业性收费收入、罚没收入、国有资本经营收入、国有资源（资产）有偿使用收入、其他非税收入。中国地方财政收入项目见表 5-3。

表 5-3　中国地方财政收入项目　　　　单位：亿元

指标	2022 年	2021 年	2020 年	2019 年	2018 年
一般预算收入	108 762.15	111 084.23	100 143.16	101 080.61	97 903.38
税收收入	76 643.03	83 789.27	74 668.06	76 980.13	75 954.79
国内增值税	24 461.90	31 766.55	28 438.10	31 186.90	30 777.45
企业所得税	15 827.77	15 437.04	13 168.28	13 517.75	13 081.60
个人所得税	5 969.07	5 596.69	4 627.27	4 154.34	5 547.55
资源税	3 280.13	2 230.32	1 706.53	1 768.52	1 584.75
城市维护建设税	4 815.84	5 005.03	4 443.10	4 614.44	4 680.67
房产税	3 590.35	3 277.64	2 841.76	2 988.43	2 888.56
印花税	1 630.82	1 598.08	1 313.80	1 233.58	1 222.48
城镇土地使用税	2 225.62	2 126.28	2 058.22	2 195.41	2 387.60
土地增值税	6 349.11	6 896.02	6 468.51	6 465.14	5 641.38
车船税	1 071.96	1 020.62	945.41	880.95	831.19
耕地占用税	1 256.84	1 065.36	1 257.57	1 389.84	1 318.85
契税	5 793.80	7 427.49	7 061.02	6 212.86	5 729.94
烟叶税	133.13	119.38	108.67	111.03	111.35
其他税收收入	25.47	19.50	22.76	39.78	0.04
非税收入	32 119.12	27 294.96	25 475.10	24 100.48	21 948.59
专项收入	8 217.26	7 654.15	6 927.08	6 849.93	7 197.44
行政事业性收费收入	3 576.15	3 724.35	3 419.43	3 483.38	3 520.89
罚没收入	3 687.09	3 431.82	2 969.06	2 929.31	2 492.18
国有资本经营收入	1 272.25	753.16	966.06	1 061.49	356.26
国有资源（资产）有偿使用收入	12 550.69	9 207.76	8 651.94	7 344.01	6 286.87
其他非税收入	2 815.68	2 523.72	2 541.53	2 432.36	2 094.95

资料来源：国家统计局

从总体趋势看，地方财政收入形式随着地方经济社会的演进和发展不断变化并且逐渐多样化，形成了税、费、债、利、租、捐并存的格局，地方财政收入也由单元结构向多元结构转变。

复习思考题

1. 影响地方财政收入规模的因素有哪些？
2. 哪些财政收入属于中国地方财政收入？

第六章

地方税收收入

教学目标

1. 了解地方税的定义。
2. 掌握我国现行地方税收体系。

税收收入是财政收入的重要来源，也是地方政府行使政府职能的重要资金来源。

第一节　我国地方税发展历程

本节主要阐述了西方国家与我国对地方税的定义，不同国家划分中央和地方税的方法不同，地方税的外延范围也不同，因此，对地方税进行明确、清晰的定位是必要的。

一、地方税的定义

作为地方财政重要的收入手段，地方税对当前我国地方政府提供公共产品职责的履行和发展地区经济积极性的调动起着非常重要的作用，对此学界和实务界已有基本认知。但地方税究竟如何定义？对此概念，学界和实务界从本质辨析到外延边界都有不同的看法。

在我国地方税是指税收收入和权限固定归地方的税种。在彻底的分税制下，中央税和地方税的归属和外延范围是清楚的，但在彻底的分税制和其他形式的财政收入分配体制下，中央税和地方税的划分就可能没有统一的标准。在我国当前的分税制下，收入全部归中央的税种划分为中央税，收入全部归地方的税种划分为地方税，收入按不同的比例在中央与地方共享的是共享税。

（一）我国地方税的定义

我国对地方税的定义在不同的阶段略有不同。

（1）1994年分税制实施后的地方税定义。1994年分税制实施后我国学界深化和延展了对地方税的研究。一方面，作为分级分税财政管理体制的一个关键环节和体制因素，要求恰当处理地方税与中央税之间财权事权划分和转移支付制度的关系，作为一个整体设计的地方税，显然不能"就税论税"；另一方面，分税的核心是税权的划分，地方税的灵魂要看地方享有怎样的税权，因此应该顺理成章地从税权角度定义地方税。

分税制前后，地方税概念的内涵实际上发生了根本性变化。分税制前对地方税的表述虽不尽相同，但基本内涵一致，着重于收入归属权，都将地方税限定于税收收入中归地方政府支配的税种，没有强调税收的立法权、政策制定权、征收管理权和司法权。而1994年之后所定义的地方税，不再仅仅局限于税收收入归地方政府所有，而是更深入地涉及税收的其他权力，核心内容是税收立法权。如《中国税务大词典》认为，地方税是中央税的对称，指由地方政府负责征收、管理和支配的税收。地方税在不同的国家占全国税收收入总额的比例不尽相同，且一般不多，通常由一些收入零星且不稳定的税种组成。《最新税务百科辞典》认为，地方税是指由地方政府征收，其收入归地方政府支配的税种，它属于地方财政范畴。

（2）党的十八届三中全会后对地方税的定义。党的十八届三中全会后学者尝试从不同视角对地方税进行阐释，主要观点分为三种。

一是理论上的地方税。从税种属性出发，将地方税作为中央税的相对概念，认为其主要包括那些税源分散、收入零星、适合地方征收且与地方经济发展密切相关的税种。

二是法律上的地方税。强调地方政府享有较为完整的税权，即享有一定的税收立法权、税收征收管辖权和税收收入使用权的税种为地方税。

三是财政体制上的地方税。以分税制确定的财政收入归属为依据，认为收入划归地方的是地方税，包括地方独享税和共享税两部分。

党的十八届三中全会以后我国学界对地方税的界定呈现出以下特点。一是由小地方税到大地方税的演变。对照2013年前后所定义的地方税，明显的变化是将共享税也界定为地方税，或是囊括在地方税收体系之中。二是依照不同的角度和层次进行解读与阐释，产生了不同口径的地方税。最常见的研究视角为理论上的、法律上的、体制上的等；最被大家认同和接受的是大、中、小三种口径。三是引入治理视角研究地方税。地方税的理论依据不再拘泥于经济学从公共产品提供效率的角度分析，从地方税对地方治理的支撑角度探寻理论渊源和挖掘现实价值，这对地方税的相关研究来说具有非常积极的意义，相当于打开了另一扇窗户，让我们从一个全新的角度审视自己要解决的问题。四是税收管辖权不再作为我国中央和地方之间税权划分的依据和标准。2018年国地税务机关合并征税后，不论怎样定义地方税，都由一家税务部门统一征收。五是地方税既是建立"权责清晰、财力协调、区域均衡"的中央和地方财政关系意义上的地方税，又是"深化税收制度改革"意义上的地方税，事关加快构建现代财政制度的两个重要方面，既关系到正确处理政府间税收关系，又是现代税收制度的重要内容。

就目前我国中央与地方税权划分的趋势而言，作为地方税必须具备的基本条件是：由中央或地方立法、多数收入归地方所有。本章认为地方税是与中央税和共享税对应的概念，仅指地方独享税。

主张这种观点的依据和理由主要有以下四点。

第一，地方税是对应于中央税和共享税的一类税。依照分税制的逻辑将我国的税种划分为中央税、地方税和共享税三种类型，它们三者之间是并列的概念，如若将地方税只与中央税相对应，失之偏颇。

第二，地方税内涵的核心和基础是税权与财权，而不是作为征收结果的财力。财力是已经实现的状态，而财权与税权则代表着潜能；拥有一定的税权可使不强的地方财力变强，相反，没有税权作为前提，财力上已取得的优势也会逐渐丧失。依照征收的结果将共享税拆分为中央分享部分和地方分享部分，进一步计算中央和地方各自通过税收取得的财力，至少从根源上混乱了源与流的关系。本章认为，包含共享税在内的地方税及由此而生成的地方税收体系，更侧重于增强地方财力的结果，这种以地方政府有钱可花为标准的理念，可能导致从源头上忽视中央和地方之间税权的优化过程。事实上，全口径预算下地方政府的收入是多层次和多元化的，除地方税和共享税外，其重要部分来自中央的税收返还和转移支付，还有少量规费收入和基金，以及地方债和通过 PPP（public private partnership，公共私营合作制）引进的社会资本。当特别强调和看重如何使地方政府的钱袋子鼓起来，那么地方税可有可无，用其他手段和途径完全可以替代地方税。

第三，独享税意义上的地方税是分税制的基本要求。顾名思义，分税制就是要在税的划分上做文章。虽说中央政府通过税收返还或转移支付等形式保证了地方政府的既得利益，但与分税制的分税原则产生了较大背离，分税制日益演化为共税制。

第四，"大地方税"的提法在逻辑上的自洽性和严谨性值得商榷。这里的"大地方税"是指由地方独享税和共享税构成的地方税收体系。既然地方税收体系中包括各种共享税，那么"营改增"之后国内增值税收入在央地之间五五分成，足以使得增值税成为地方的主体税种，何来"地方主体税种缺失"呢？显然，"地方主体税种缺失"的基本判断和评价，是基于地方税仅指独享税，而不包括共享税。

（二）其他国家地方税的定义

《欧洲地方自治政府章程》第九条将地方税定义为：通过设定税率和（或）界定税基来决定税收收入，并且为实现自身目标，保留所产生的税收利益。这个定义表明，虽然地方并不一定有权确定税基，但真正意义上的地方税至少应该是地方有权调整税率，从而能自行确定税收收入的多少。这一定义主要被以美国为代表的西方典型的分权型市场经济国家采用。该定义带有浓厚的理论色彩，在各国税收实践中，通常由于地方税权不同的表现形式以及地方拥有税权的大小等因素，地方税的外延可宽可窄。例如，当地方拥有完整的税权，即税收的立法权、税收征管权和收入权时，与地方只有收入分享权时，地方税的含义显然是大不相同的。

本章认为，地方税的界定必须从其本质特征与功能定位出发。依照公共经济学的观点，地方税本质上是地方政府提供地方性公共产品的成本补偿，因此，地方税是地方政府筹集资金的最优方式，并且满足不同地方政府提供地方性公共产品的差异性需求。按照这样的逻辑，地方应该拥有地方税的收入支配权、征收管理权、税基与税率的确定权以及立法权，以便能够因地制宜地确定地方税收体系。有差别的地方税收体系能够保障地方政府提供地方性公共产品的不同需要。因此，理论上地方应该拥有完整的税权，即税收的立法权、执法权和司法权。

在实际中，受各国中央与地方税权划分的约束，地方未拥有完整的税权，或者拥有征管权、收入权和部分立法权，或者拥有税收征管权和收入权，或者只有收入权。在界定地方税时，不能因为地方没有控制某项税权或某几项税权，而改变它的属性。本章认为，税权的三个要素——立法权、执法权和司法权是可以相互分离的。判断地方是否拥有某项税权的标准，并不是看其是否完全掌握了该项税收的立法权、执法权及司法权，问题的关键在于，该级立法机构和政府是否自主拥有获得并支配这项税收收入的权力。

地方税实质上是一个体制问题，它以公共服务职责和支出责任在各级政府之间的划分为前提，本质上反映的是中央与地方政府之间的税收收入分配关系。当然，中央政府必须考虑在一定的财政管理体制下，是更多地依靠地方税还是转移支付。因此，地方税是特定的财政管理体制的产物，给地方税下定义要依托现实的管理体制，避免生搬硬套理论上或他人的概念评价现行体制，进而得出不切实际、毫无意义的结论。按照 OECD 对税收自主权的界定，我国地方没有自主开征税收的权力，也不像其他的单一制国家，拥有部分或全部的税基或税率的决定权。但这并不意味着我国没有地方税。基于我国中央与地方税权划分的现状，作为地方税必须具备的两个基本条件是：由中央或地方立法、多数收入归地方所有。这里需要说明两点：第一，关于地方税收立法权本章持谨慎的态度，尽管提倡适度授权给地方人大，但必须对地方人大加以限制与监督；第二，多数收入是指地方政府拥有大于或等于某税种取得收入的 50%。

二、中国地方税及其变迁

经过上文对地方税定义的探讨后，纵观中国历史，结合国家财政体制以及当前时代背景，可以梳理出中国地方税的成长脉络以及成长的推动因素。

（一）地方税的变迁

我国地方税经历了多次调整、改革。中华人民共和国成立初期实施高度集中的财政体制，1950年1月我国政务院公布的《全国税政实施要则》规定了14个全国性税种（不含农业税），地方税包括房产税、地产税、印花税、存款利息所得税、交易税、屠宰税、特种消费行为税和车船使用牌照税等8种，初步构建了地方税收体系，1957～1977年受非税等思想影响，税制过度简化，地方税收体系建设较为缓慢。

1978年改革开放后财政体制模式由"一灶吃饭"转变为"分灶吃饭"，并加快了地方税收体系建设的步伐。1984年以前，国家明确划为地方税的有屠宰税、城市房地产税、车船使用牌照税、牲畜交易税、集市交易税、契税等少数几个税种。1985年实行新的财政管理体制后，又陆续增设了一些地方税种，主要包括房产税、城镇土地使用税、车船使用税、城市维护建设税、印花税、筵席税、牲畜交易税、集市交易税等税种。此外，还将个人收入调节税、奖金税、建筑税、城乡个体工商户所得税等列作地方固定收入。上述地方税的立法权限在中央，地方政府拥有部分小税种一定范围的减免权等管理权，较好地保证了地方税收收入的稳定增长。

1994年实施分税制财政体制，设置了中央税、地方税和共享税，明确税种收入归属和国税地税分设体制，地方税包括营业税等15个税种；后地方税经过了系列调整，2006年1月和2月取消了农业税和屠宰税，2007年1月车船使用牌照税和车船使用税合并征收车船税，2008年1月废止筵席税；2012年11月党的十八大提出了"构建地方税体系"[1]，2013年1月废止固定资产投资方向调节税；2013年11月党的十八届三中全会提出了"完善地方税体系"，2016年5月废止营业税，同年12月出台环境保护税；2017年10月党的十九大明确提出了"健全地方税体系"的新要求。[2]

（二）现行地方税收体系

现行的地方税种格局的设置是在建立、调整、完善与改革的过程逐步发展起来的，包括11个税种，分别为烟叶税、资源税、城镇土地使用税、耕地占用税、土地增值税、房产税、车船税、契税、印花税、环境保护税、城市维护建设税。11个税种进一步可以分为地方流转税类、财产税类、资源税类、行为税类。

（1）地方流转税类：城市维护建设税。

（2）地方财产税类：房产税、车船税。

（3）地方资源税类：资源税、城镇土地使用税、耕地占用税（同时也具有行为税的特征，也可归为行为税类）、土地增值税。

---

[1]《胡锦涛在中国共产党第十八次全国代表大会上的报告》，https://www.12371.cn/2012/11/17/ARTI1353154601465336_all.shtml[2012-11-08]。

[2]《习近平：决胜全面建成小康社会 夺取新时代中国特色社会主义伟大胜利——在中国共产党第十九次全国代表大会上的报告》，https://www.gov.cn/zhuanti/2017-10/27/content_5234876.htm[2017-10-18]。

（4）地方行为税类：印花税、契税、环境保护税、烟叶税。

（三）地方税规模与结构

表 6-1 列出了 2007 年至 2022 年，我国中央税收收入与地方税收收入、地方税收收入与地方财政收入间的变化情况。第一，纵向来看，2007 年的地方税收收入为 19 252.12 亿元，到 2022 年增长到了 76 643.03 亿元，总额增长了 2.98 倍，我国经济的快速发展使得地方税收不断增加，为地方政府履行公共职能提供了财力；中央税收收入从 2007 年的 26 369.85 亿元增长到 2022 年的 89 977.07 亿元，增长了 2.41 倍，地方税收收入增长幅度大于中央税收收入的增长幅度。第二，地方税收收入占总税收收入的比例除 2015 年以外均在 50% 以下，说明地方税收收入的绝对值一直低于中央税收收入。第三，地方税收收入占地方财政收入的比例较大，基本在 70%～82%，说明地方财政的主要收入来源是税收。第四，地方税收收入占地方财政收入的比例总体上呈下降趋势，说明地方财政收入中税收的贡献率在下降，非税收入占比有上涨趋势。

表 6-1　2007～2022 年我国中央与地方税收收入规模比较

年份	中央税收收入/亿元	地方税收收入/亿元	地方税收收入占总税收收入比例	地方财政收入/亿元	地方税收收入占地方财政收入比例
2007	26 369.85	19 252.12	42.20%	23 572.62	81.67%
2008	30 968.68	23 255.11	42.89%	28 649.79	81.17%
2009	33 364.15	26 157.43	43.95%	32 602.59	80.23%
2010	40 509.30	32 701.49	44.67%	40 613.04	80.52%
2011	48 631.65	41 106.74	45.81%	52 547.11	78.23%
2012	53 295.20	47 319.08	47.03%	61 078.29	77.47%
2013	56 639.82	53 890.88	48.76%	69 011.16	78.09%
2014	60 035.40	59 139.91	49.62%	75 876.58	77.94%
2015	62 260.27	62 661.93	50.16%	83 002.04	75.49%
2016	65 669.04	64 691.69	49.63%	87 239.35	74.15%
2017	75 697.15	68 672.72	47.57%	91 469.41	75.08%
2018	80 448.07	75 954.79	48.56%	97 903.38	77.58%
2019	81 020.33	76 980.13	48.72%	101 080.61	76.16%
2020	79 644.23	74 668.06	48.39%	100 143.16	74.56%
2021	88 946.40	83 789.27	48.51%	111 084.23	75.43%
2022	89 977.07	76 643.03	46.00%	108 762.15	70.47%

资料来源：中国统计年鉴（2007～2022 年），经计算所得

如图 6-1 所示，中央与地方税收收入的增长趋势大体一致，增速差距也不大，2008 年地方税收收入增速开始略高于中央，一直到 2016 年受到全面"营改增"的影响中

央税收收入的增速重新反超地方。其中 2008 年和 2009 年受国际金融危机的影响，经济受挫，中央税收收入和地方税收收入增速均有所下降，之后随着经济回暖，积极财政政策发挥作用，经济复苏，中央与地方税收收入增速均有所回升；2011 年中央与地方税收收入增速又开始放缓，2012 年"营改增"开始试点，一直到 2015 年，地方政府原有的营业税收入慢慢转为共享的增值税，中央与地方税收收入增速的差距在不断缩小，直到 2016 年全面"营改增"，中央和地方税收收入增速才有了明显提高，且中央税收收入增速高于地方税收收入增速。2019 年起受疫情影响，经济增长受限，无论是中央税收收入还是地方税收收入的增速都有所下滑，2021 年有较大的反弹。2000 年、2022 年地方税收增长速度为负数，分别为–3%和–8.53%。

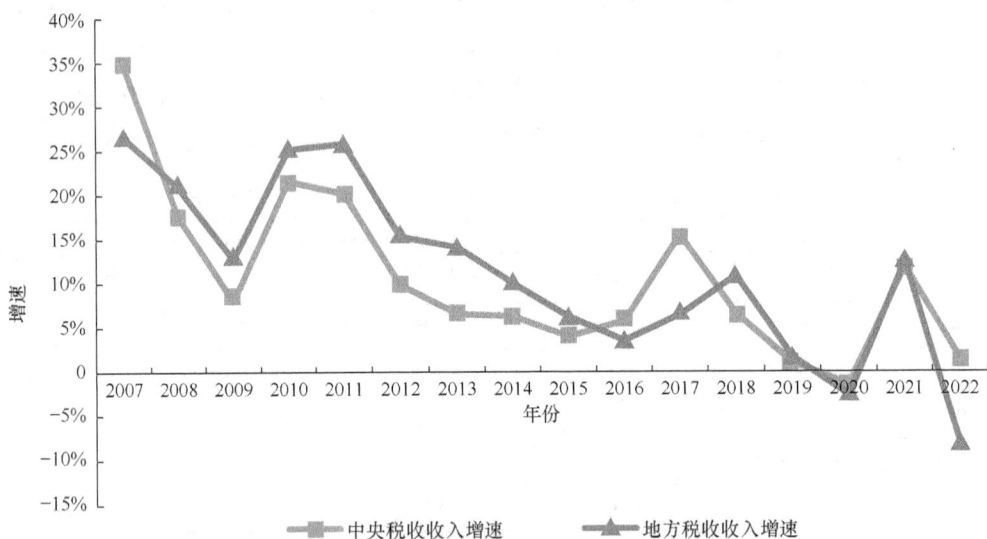

图 6-1　2007～2022 年我国中央与地方税收收入增速比较图

　　我国地方政府的税收总收入主要包括两部分：一是各地方政府负责征收管理的税收取得的收入；二是与中央共享的税收收入。本章中的地方税收收入不仅包括地方税种的收入而且包括共享税收入，地方税收收入则是狭义上地方税种的收入（下同）。具体数据如表 6-2 所示。

表 6-2　2013～2022 年我国地方税收收入及占比　　　　　　　　单位：亿元

税种	2013 年	2014 年	2015 年	2016 年	2017 年	2018 年	2019 年	2020 年	2021 年	2022 年
地方税收总收入	53 890.88	59 139.91	62 661.93	64 691.69	68 672.72	75 954.79	76 980.13	74 668.06	83 789.27	76 643.03
共享税收入比例	36.83%	38.20%	38.50%	52.33%	66.99%	67.13%	65.77%	64.20%	65.68%	64.64%
增值税	8 276.32	9 752.33	10 112.52	18 762.61	28 212.16	30 777.45	31 186.9	28 438.10	31 766.55	24 461.90
企业所得税	7 983.34	8 828.64	9 493.79	10 135.58	11 694.50	13 081.60	13 517.75	13 168.28	15 437.04	15 827.77
个人所得税	2 612.54	2 950.58	3 446.75	4 034.92	4 785.64	5 547.55	4 154.34	4 627.27	5 596.69	5 969.07
资源税	960.31	1 039.38	997.07	919.40	1 310.54	1 584.75	1 768.52	1 706.53	2 230.32	3 280.13

续表

税种	2013年	2014年	2015年	2016年	2017年	2018年	2019年	2020年	2021年	2022年
证券交易印花税 a	14.09	20.01	76.58	0	0	0	0	0	0	0
地方税收收入比例	63.17%	61.80%	61.50%	47.67%	33.01%	32.87%	34.23%	35.80%	34.32%	35.36%
营业税 b	17 154.58	17 712.79	19 162.11	10 168.80	0	0	0	0	0	0
城市维护建设税	3 243.60	3 461.82	3 707.04	3 880.32	4 204.12	4 680.67	4 614.44	4 443.10	5 005.03	4 815.84
房产税	1 581.50	1 851.64	2 050.90	2 220.91	2 604.33	2 888.56	2 988.43	2 841.76	3 277.64	3 590.35
印花税 c	774.72	873.11	888.71	958.82	1 137.89	1 222.48	1 233.58	1 313.80	1 598.08	1 630.82
城镇土地使用税	1 718.77	1 992.62	2 142.04	2 255.74	2 360.55	2 387.60	2 195.41	2 058.22	2 126.28	2 225.62
土地增值税	3 293.91	3 914.68	3 832.18	4 212.19	4 911.28	5 641.38	6 465.14	6 468.51	6 896.02	6 349.11
车船税	473.96	541.06	613.29	682.68	773.59	831.19	880.95	945.41	1 020.62	1 071.96
耕地占用税	1 808.23	2 059.05	2 079.21	2 028.89	1 651.89	1 318.85	1 389.84	1 257.57	1 065.36	1 256.84
契税	3 844.02	4 000.70	3 898.55	4 300.00	4 910.42	5 729.94	6 212.86	7 061.02	7 427.49	5 793.80
烟叶税	150.26	141.05	142.78	130.54	115.72	111.35	111.03	108.67	119.38	133.13
其他税收收入	0.73	0.45	0.41	0.29	0.09	0.04	39.78	22.76	19.5	25.47

注：占比合计不为100%是四舍五入修约所致

a 证券交易印花税在2006年1月1日前属于共享税，中央与地方按97%：3%分享，2006年1月1日起，改为中央独有

b 营业税在2007年1月1日起全面营改增，不再征收营业税

c 这里的印花税不包括证券交易印花税共享部分，仅为地方独有的印花税

通过表6-2可以看出，地方税收总收入从2013年至2021年持续上升，2022年有所下滑。2016年全面"营改增"后，营业税收入并入增值税中，使得共享税收入占比持续上升而地方税收收入占比持续下降。可以看出共享税收入占比一下提高至占地方税收收入的半壁江山。2017年以后共享税收入占比达到了60%以上，地方独立税种的收入合计只占地方税收收入的33%左右。当然，短期来看，改变共享税比例的确是最快解决地方税缺口的办法，而且推行成本低。但是，这会造成地方税收体系过于依赖共享税，不利于地方税收体系的自身发展，打乱其收入来源结构，长远来看，还可能会出现地方保护主义，地方政府会为了争取到更多的共享税收入而产生恶性税收竞争。因此，改变共享税比例对地方税来说"治标不治本"，根本上应选择并发展地方税主体税种，稳定地方税收体系。

第二节 我国地方税收体系存在的问题及改进方向

1994年分税制确定下的地方税收体系，随着体制改革深化和税收改革的不断进

行，暴露了不少问题，需要改进和完善。

一、我国地方税收体系存在的问题

现行地方税收体系下，我国地方税虽然税种多，但收入规模小，地方税收体系的不完善，使得地方税发挥地方政府筹集资金、调节经济的功能难以实现。下面对我国地方税收体系存在的问题进行简要梳理。

（一）存在立法上的"无权"与现实中多项地方税权并存的矛盾

改革开放以来我国税收立法的实践表明，地方人大及其常委会无权参与地方税立法。就目前我国税收立法权的归属而言，无论是中央税、共享税还是地方税都由中央统一制定税法。考察立法机关的立法文本可知，我国税收立法侧重于立法机关与行政机关之间横向税权分配，忽略中央与地方之间的纵向税权划分。这种税收立法模式发端于《中华人民共和国税收征收管理法》，并直接体现在《国务院关于实行分税制财政管理体制的决定》中，后来被《中华人民共和国立法法》承继和认可。2015 年修改后的《中华人民共和国立法法》使税收法定成为独立条款，对其内容做了更为清晰的具体列举，即："税种的设立、税率的确定和税收征收管理等税收基本制度"只能制定法律，亦即这些事项属于全国人大及其常委会的立法范围。虽然"税收基本制度"的外延不清晰，但却厘清了税收立法的权力边界。

1994 年分税制改革至今，地方税权客观存在于部分地方税种的单行税收立法实践中，并未完全被遏制。现有地方税种包括土地增值税、城镇土地使用税、契税、房产税等，"暂行条例"均为国务院依据全国人大 1985 年的授权立法决定所制定，这些地方税"暂行条例"在多处将税率、税收优惠等基本税收要素的立法权授权给省级人民政府，但这种转授权的做法无疑不符合《中华人民共和国立法法》的授权明确性原则。1985 年后国务院授权制定的税收行政法规没有废止，在 2000 年制定《中华人民共和国立法法》及其 2015 年修改以后依然有效。

（二）"营改增"后地方税收体系主体缺失

我国现行地方税收体系存在的最主要问题是收入不能满足地方财政支出的基本需要。究其根源，主要由地方税种收入能力有限、地方税收体系缺乏主体税种等造成，具体表现为三方面。一是缺乏合理、稳定的税种划分规则与模式。分税制改革不彻底，中央税与地方税划分标准不明确，导致中央税与地方税的内涵与外延难以准确界定。二是地方税种数量虽多，但难以担当主体税种的重任，地方税收体系缺乏税源较广、税基稳定、容易征收、对地方财力具有决定性影响的主体税种。三是地方税制改革滞后，税种老化现象严重。大部分地方税种并不是 1994 年税制改革的重点，也没有在1994 年税制改革和随后的完善调整过程中被提上议事日程，征收范围狭窄、税额少、税率低、税收弹性差，对地方财政收入的作用不大，已不能适应市场经济发展和税源建设的要求。

目前，我国拥有多个地方税种，但尚未形成一个功能各异、相互作用、相互制约的完善的地方税收体系。"营改增"取消了原有地方税制中唯一的主体税种营业税，其他小税种很难"补位"成为主体税种。以 2022 年为例，全年地方税收收入总额为 76 643.03 亿元，其中土地增值税为 6349.11 亿元，占当年地方税收收入总额的 8.28%；契税为 5793.80 亿元，占 7.56%；城市维护建设税为 4815.84 亿元，占 6.28%；房产税为 3590.35 亿元，占 4.68%；城镇土地使用税为 2225.62 亿元，占 2.90%；耕地占用税为 1256.84 亿元，占 1.64%；资源税为 3280.13 亿元，占 4.28%；车船税为 1071.96 亿元，占 1.40%；烟叶税为 133.13 亿元，占 0.17%；其他税收收入所占比例为 0.03%。

从地方税制结构看，各税种收入能力相差不大、占比较小、较为均衡，未形成明确的层次性布局和主辅格局。"营改增"前营业税"一税独大"，几乎占据地方税收收入的大半部分，营业税退出历史舞台后，地方税收收入规模大幅萎缩，凸显了地方税收体系的内在缺陷，严重缩窄了地方政府自有的稳定财源。

（三）地方税收体系财政功能弱化

分税制改革以来，我国地方税收收入规模有限，占地方财力比例较小，且增长波动幅度大，尚未构成地方政府稳定的自主财源。有关数据表明：第一，1994~2019 年我国地方税收收入占全部税收收入的比例不足 30%，26 年平均为 26.12%，地方税收收入总额虽实现了快速增长，但增幅波动大且处于不断变动中，缺乏稳定性，反映出我国地方税制缺乏稳定的支柱税源。第二，地方税收收入对一般公共预算收支的保障和支撑能力逐年下降，地方税收收入占地方财政一般预算收入比例由 2007 年的 81.67% 下降到 2022 年的 70.47%，而地方税收收入占地方财政一般预算支出的比例由 2007 年的 50.22% 下降到 2022 年的 34.07%，一方面说明地方税收收入对地方财政一般预算支出的支撑力度不断下滑，另一方面也说明了地方税收尚未成为地方财政一般预算支出的主体来源。第三，以"营改增"为时间界限，试点开始当年起，地方税收收入增长率大幅下滑，收入绝对额在 2015 年后大幅减少，地方税收收入占全部税收收入的比例基本上维持在 50% 以下。地方税收收入规模与地方政府支出责任对比过于悬殊，如此大的收支缺口必然造成地方财政高度依赖共享税收入。"营改增"后随着主体税种的丧失，地方税收体系财政功能大大弱化，加剧了对共享税的依赖。

（四）地方税收征管效率偏低

对于税源趋于分散、收入缺乏弹性、征管寻求合作、税收成本较高的地方税种，如何分配管理资源、构建征管模式、提高征管绩效，是国地税合并后税务部门的一项全新任务。

分税制改革以来，我国地方税收收入保持较快的增长速度，但地方税收收入的高速增长是否蕴含着地方税收运行具有高效率，是一个值得探讨的问题。出于提高税收征管效率的考虑，自分税制改革以来，我国税收征管经历了国地税分管和合并两个阶段。1994年后在分税制的分级管理模式下，地方税务机构负责征收地方税；2018年我国推进国税地税征管体制改革，在不断强化双方合作的基础上进行机构合并，将省级和省级以下国税地税机构合二为一，主要目的便是降低税收征纳成本，切实减轻纳税人负担。

党的十八届三中全会以来的新一轮税制改革，对传统地方税收管理模式造成较大冲击，也表明地方税收体系在征管运行保障中存在较为明显的弊端：一是税源更趋于分散，税收征管难度大、成本高。二是税收管理理念和管理模式相对滞后。目前，我国地方各税"搭载"增值税、消费税等主要税种采取"以票控税"或"以票管税"管理模式，这种"寄生方式"并不契合地方税自身的征管特点，地方税应"量身定做"更有效的征管体系。三是征管技术和手段较为简单，信息化程度不够。

二、部分国家的地方税收体系

他山之石，可以攻玉。参考其他国家在地方税收体系方面的设计与做法，对于完善我国地方税收体系有着一定的借鉴作用。

（一）美国的地方税收体系

美国的政治体制为联邦制，分为联邦、州、地方三级政府。联邦政府和州政府分享权力，其中联邦政府负责国防、外交、财政等，州政府则负责本区域内地方公共产品和服务的提供，如社会福利、教育、卫生、治安等。州政府在自己的权力范围内享有最高权力，有很大的自主性。各州在不违背宪法的基础上，可以制定自己的法律。

因此与联邦制相对应的是联邦政府和州政府各自独立的税收体系。联邦政府拥有联邦税的立法权、征管权，联邦税的全部税收收入的支配权也属于联邦政府，不直接分享给州及地方政府；州政府拥有独立的税收立法权，可以在不违背宪法和法律的基础上制定地方税法，包括税种、税率、征税范围等的确定，税收的征收管理权，相应的税收收入的支配权也属于州及地方政府。

从税种归属来看，联邦税主要包括联邦个人所得税、联邦社会保障税、联邦公司所得税、联邦消费税、关税、联邦遗产与赠与税等，其中个人所得税和社会保障税是联邦税收收入的主要来源，个人所得税约占联邦税收收入的60%以上；州税主要包括州销售税、州公司所得税、州个人所得税等，其中以销售税、财产税为主体，但各州存在一定的差异。地方政府税主要有地方销售税、消费税、个人所得税、公司所得税和社会保障税等，所占的比例均较小；美国的地方税以财产税为主体，既有直接税，也有间接税，各税种既存在于中央税中也存在于地方税中。相同的税基可能涉及不同税种、不同层级的税收，有一定的交叉和重叠，其特点是地方政府的财权和事权都很清晰，地方税收收入稳定，地方政府有很高的积极性，但是税权很分散，不利于中央政府统一的宏观调控政策的实施。

（二）法国的地方税收体系

法国在政治体制上属于单一制国家，法国的地方政府分为三个层级，分别是大区、省、市镇，宪法确定了税收制度的地位。适应于单一制政治体制，法国的税收立法权、征收管理权都集中于中央政府，地方政府只拥有有限的税率调整及税收减免权。税收收入的支配权集中于中央政府，地方税也统一上交中央，由中央政府对地方政府进行税收返还。法国的税收体系中没有中央地方共享税，地方的财政收入由中央财政通过转移支付、各种补助进行拨付。

作为世界上最早征收增值税的国家，法国的税收制度非常完备，税种繁多，税制也较为复杂。开设的中央税种有增值税、消费税、个人所得税、公司所得税、遗产税、关税等；开设的地方税种有土地税、居住税、营业税。在法国的税收收入中，增值税占比最大，达到税收收入的45%左右。法国的税收体系的特点是以间接税为主，财权集中于中央政府，有利于统一的宏观调控，但是地方政府财政主要依赖于中央政府，影响地方政府的积极性。

（三）日本的地方税收体系

日本在政治体制上属于单一制国家，地方政府分为都道府县和市町村两级，实行地方自治。在税收体系上，日本的税收体系分为中央税和地方税两级，中央征收的税种称为国税，都道府县和市町村征收的税种称为地方税。税收的立法权集中在中央政府，地方政府拥有地方税的课税选择权和法定地方税的税率的选择权，同时地方政府可以在《地方税法》规定的税目之外课征法外税。在税种结构上，中央税包括个人所得税、消费税、法人税、遗产继承税、赠与税等。地方税包括个人居民税和个人事业税、法人居民税和法人事业税、地方消费税、固定资产税等。日本的税收体系的特点是税权适度分散，中央统一立法权与地方财政自主权相结合，地方财政收入稳定，但是征管效率不高。

（四）英国的地方税收体系

英国也属于单一制政治体制的国家，英国地方政府构成较为复杂，大部分分为郡和地区两级，两者之间不存在行政隶属关系。在税收体系上，英国的税收体系分为国税和地方税，税收的立法权、征收管理权和收入分配权高度集中于中央政府，地方税占全国税收收入的10%左右，属于地方财政收入。中央税主要有个人所得税、公司所得税、资本利得税、资本转移税、土地开发税、石油税、遗产税及赠与税、增值税、关税、消费税和印花税等。地方税主要是家庭房产税，地方政府每年根据中央政府确定的开支限度规定房产税的税率。英国的税收体系的特点是税权高度集中，事权与财权也集中于中央政府，地方政府仅有有限的税率调整和税收减免权。地方的财政收入主要依赖于中央政府的税收返还和政府补助，自主性较差。

三、我国地方税收体系构建

前面对我国的地方税收体系存在的问题进行分析，在甄别和借鉴其他国家地方税体系建设做法的基础上，我们认为，我国地方税收体系可以在以下几个方面进行探索。

（一）税权配置：地方税收体系的制度条件

学界就税权的本质形成了比较统一的认识，即偏重经济后果的税收立法权、收益权和征管权，以及依照法律逻辑的税收立法权、执法权和司法权。

在税权的构成中，税收立法权是具有原创力的基础权力。税收立法权有宽窄两个解释口径：窄口径的税收立法权仅指立法机关依据法定权限和法定程序，制定、修改和废止税收法律的权力；宽口径的税收立法权延伸了对税收法律的解释、补充等与税收立法相关的税收法规的制定权力。

这里主要探讨税收立法权及由此而延伸的税收政策调整权在中央与地方间的纵向划分。税权应该如何在中央和地方之间分配，一直是各国税收立法所考虑的主要问题。从中央和地方税收分权形式看，税权纵向配置主要有两种模式：一种是税权分散模式，即中央和地方在宪法规定和授权范围内独立决定征什么税，多级政府也可对共同税基征收各自的税率；另一种是税权相对集中的模式，一般由中央立法、地方执行，但地方一般也掌握一定的税权，或大或小，也许是次要税种的开征、停征权，也许是税率、税目、税基、税收优惠等部分税收要素的调整权。事实上，中央和地方的税权分配是有一定原则可循的。塞利格曼提出了著名的税权划分三原则：一是效率原则，税权应依据征税效率高低和资源配置最优化进行分配；二是适应原则，税基宽窄应与税收收入权相适应；三是恰当原则，税负分配应建立在公平原则的基础上。

一般来说，保持中央对税权的主导地位是必要的。确保中央税收立法权的主导地位，有利于全国统一市场的形成和有序运转。税收立法权集中于中央，对于维护国家税收政策法规的权威性和统一性起到积极作用。对于要不要给予地方一定的税收立法权，特别是税收开征权和减免权的问题在我国学界争论已久。主张赋予地方一定税收立法权的观点认为，单一制政体并不是限制因素，应借鉴国际经验在授权立法范围内给予地方一定的税率选择权，从而提高地方的税收自主权；持否定观点的学者认为，税收立法权的实质是各级政府间财政职能的划分只能在既定的全体纳税人与国家之间同意征税的关系下进行，具有不可分割的属性。

健全地方税收体系，客观上要求地方拥有一定的税收立法权。税收立法权本质上是一种对资源进行支配的权力，地方享有适当的税收立法权，至少有两方面必要性：既可激励地方政府更好地提供公共服务，也可有效规范地方政府的收入行为。

（二）税基选择与税种设立：地方税收体系的基础内容

财政分权理论在划分政府间事权的基础上分析了多级政府的税收划分问题，并提出按照税种属性和与支出责任相适应的基本原则划分税收，尤其以马斯格雷夫、奥茨和特尔-米纳西安（Ter-Minassian）等的学术思想为代表。经典分权理论主张有利于宏观经济稳定、流动性强及分布不均匀的税收主要划归中央征收；具有周期性稳定特征、收入较为平稳和依附于居住地的税收应划归地方，如销售税和消费税；个人累进税则遵循效率原则由最有效课征的政府征收。因此，不同层级的政府税收来源不同：高层级政府征收具有再分配功能的累进税，对流动经济要素征收非受益税；地方政府征收符合受益要求的固定税基和单一环节课征的零售税。

一般而言，最优地方税应具备三项标准：税基流动性弱、收入稳定、税源分布均匀。发展中国家应将有利于公平的所得税、不损害全国统一市场形成的资本税与财产转移税、战略性资源税、多环节征收的增值税划归中央，非战略性资源税、非流动性的不动产税、单环节征收的销售税等划归地方。

（三）收入规模：地方税收体系的配置归属

究竟地方税收收入规模应多大，理论上存在一个较为合理的界限：能为最富有的地方提供充足的收入，以使其财政基本上自求平衡；应满足各地"地区公共产品基本水平国家标准"的支出需要，即地方税收收入规模与提供最低标准的区域公共产品支出相适应。简言之，地方税收收入规模的理论区间为：小于最富有地区的财政支出，大于或等于"地区公共产品基本水平国家标准"支出。地方税收收入规模的确定以中央与地方间事权和支出责任划分明晰化、法制化为前提和基础，中央政府需要建立"地区公共产品基本水平国家标准"。

判断地方税收收入规模及其变化，可从三个维度选取度量指标：一是从地方政府收入构成的角度，采用地方税比例指标分析地方税收收入的地位，主要测算地方税收收入占全国（或地区）税收收入的比例、地方税收收入占地方财政收入的比例和占地方财政支出的比例；二是从经济发展的角度，采用地方税比率指标分析地方税收收入的增长趋势，主要测算地方税收收入占 GDP 的比例和地方税收收入增长率与 GDP 增长率的比例；三是从地方税收收入内部结构的角度，采用地方税结构指标分析扩大地方税收收入规模的途径。

（四）征管机制：地方税收体系的运行保障

征收管理是地方税收体系中一个非常关键的要素，政府间的税收划分很大程度建立在中央和地方的相对优势基础上，体现征管效率价值优位原则。事实上，究竟由中央还是地方征税，主要由征税效率高低来决定。由中央统一征收某些税，仅仅是出于有助于降低税收法律制度运行中的成本耗费的考量。

一般来说，中央已经形成了较为有效的征管系统，在固定成本一定的情况下，中央集中税收征管权的边际成本较低，地方税"搭便车"虽不是免费的，但可提高税收行政管理效率；同时也可方便纳税人履行纳税义务，增强和保障纳税主体在涉税活动中的便捷性。但有些税种由地方征收则有利于提高征管效率，而且也有助于辖区内居民监督税款的使用去向，促进政治参与和民主制度的构建。

复习思考题

我国地方税收体系存在什么问题，如何完善？

第七章

地方财政转移支付收入

教学目标

1. 掌握政府间转移支付的理由。
2. 了解我国地方财政转移支付收入的种类。
3. 掌握财政转移支付收入对下一级政府行为的影响。

政府间的财政转移支付是财政资源在政府间的无偿流动，是单方面的无偿让渡。政府间的转移支付是均衡财力与支出责任的一个重要手段，对于上一级政府而言，转移支付是一种支出，对于接受转移支付的政府而言，转移支付则是一种收入。转移支付有利于增加地方政府财力，促进地方财力均衡、缓解公共产品的外部性和实现上级政府的政策偏好。

第一节　政府间转移支付的理论依据

本节主要讨论政府间转移支付的理论依据，结合中国的实践情况进行举例说明。主要涉及的理论依据有区域外溢性、财政失衡、横向公平、体现拨款者的意图和偏好。

一、区域外溢性

区域外溢性即地方政府的支出可能也会使非本地区的居民受益。地方政府没有激励主动提供正外部性强的公共产品，具有负外部性的公共产品也没有激励主动改善。地方政府之间会出现免费搭车的情况，为了矫正跨区域的地方公共服务外部性的问题，需要中央政府通过转移支付的手段对地方政府的行为进行干预。

具有区域外溢性的公共产品需要运用转移支付的手段来对不同地区进行调节。以教育为例，教育资金的投入是在短期内无法立即获得回报的一种投资，加之人才具有流动性的特征，很可能出现本地教育资金投入却为其他地方提供了人力资本的情况。地方政府自身没有足够的激励加大对教育投入更多的资金，不同地区的经济发展水平不同，区域间的投入比例差异大，因此需要用转移支付的手段来保障教育经费的来源。根据《2022 年全国教育经费执行情况统计表》可以看出 31 个省（自治区、直辖市，香港特别行政区、澳门特别行政区、台湾地区没有统计在内），一般公共预算教育经费之间存在着较大的差异性。一般公共预算教育经费支出最多的省份是广东省为 3863.13 亿元，相比之下支出最少的宁夏回族自治区为 213.62 亿元，两者相差 17.1 倍，而从生均一般公共预算教育经费情况更能看出差距问题，生均一般公共预算教育经费增长最多的是北京市，其普通小学和普通初中生均一般公共预算教育经费分别为：35896.90 元和 62214.95 元，最少的为河南省，数据分别为 7339.47 元和 10541.81 元。教育资金投入在地区间的差异需要转移支付制度来缩小。

二、财政失衡

由财政失衡导致的财政缺口实质上反映了不同层级政府之间各自的收入（即财权）与其支出（即事权）之间的不相等。早期关于财政失衡的研究只考虑了一级政府自身的收支情况，随着问题的不断凸显，上下级政府之间以及同级政府之间的收支差异才被一同纳入研究分析。约翰·亨特（John Hunter）、安瓦·沙（Anwar Shah）、罗伊·鲍尔（Roy Ball）等学者在论及政府间转移支付制度时都将财政失衡分为纵向和横向两个方面来分析问题。纵向和横向财政失衡以财政联邦制学说为依据，结合社会发展程度、自然资源禀赋等因素分析了上下级政府以及各级政府收支的差异。在一定程度上揭示了运用转移支付手段解决此种差异的必要性。

1994 年分税制改革形成的"财权集中、事权下放"的分权体制使我国存在财政失衡的问题。一方面此种分权体制扩大了纵向财政失衡，因为会加大地方政府的自有收入和支出责任的缺口。另一方面也会使得横向财政失衡更加明显，因为在幅员辽阔的中国，地区间自然资源禀赋与经济发展水平差距较大。加之地方政府预算内的举债行为受限、地方财政自给能力有限，使得地方政府高度依赖转移支付来弥补预算内的财力缺口。

三、横向公平

横向公平定义为任何两个在没有公共部门的条件下福利水平完全相同的人，在存在公共部门后仍拥有相同的福利水平。布坎南用财政公平这一术语表达了联邦内横向公平这一要求。然而，地方政府互不联系的财政活动通常会使福利水平相同的两个居民因居住在不同的地区而得到不同的待遇，即这些居民从其居住地政府各自的预算活动中得到不同的净财政受益（即居住地受益），从而导致横向不公平，并引起无效率移民。

在中国，中央政府往往希望各地方政府为所有社会公众提供大致均等的基本公共服务和产品，这一战略目标更强调关乎个人的横向公平。然而在实践中，由于地区间经济发展水平差距大、财力和事权不匹配等原因政策更倾向于财政能力均等化而非横向公平均等化。

四、体现拨款者的意图和偏好

政府间转移支付还具有另外一个关键目标，即体现拨款者的意图和偏好，使受补政府的支出结构和支出水平更好地符合拨款者的要求，主要体现在以下四个方面。

第一，拨款要反映拨款者对有益品（merit-goods）的偏好。关于有益品的定义最早是由马斯格雷夫在 1957 年的《预算决定的多重理论》中提出来的，他将有益品定义为"通过制度干预个人偏好的政策而提高生产的物品"。教育是最为典型的有益品，如果政府不进行偏好干预，那么对教育的投入将少之又少。马斯格雷夫在书中举例说：有时候老百姓宁愿购买第二辆汽车、第三台冰箱，也不愿意让其孩子接受足够的教育。除了教育以外还有诸如临海防洪设施、博物馆、图书馆、美术馆等也属于有益品，这样的项目如果没有拨款支持，很难保证有一个合意的生产水平。

第二，体现拨款者对最低服务标准的偏好。这主要是从公平与效率两个方面来考虑的。就公平而言，任何人无论生活在国家的什么地方，其最基本的生存条件必须要得到满足。例如，教育、医疗、社会保障和社会福利等。从效率的角度考虑，共同的最低服务标准会有助于减少地区间要素和商品流动的壁垒，促使国内统一市场形成，并增进地区间资源配置的效率。

第三，拨款要体现拨款者稳定经济的意图。许多国家都把转移支付作为刺激需求、增加就业的一项重要手段，在经济衰退或繁荣时期都能起到调节作用。在经济衰退时期，中央政府往往会增加各种反周期的财政拨款，用以帮助地方政府增加对失业者的补助，延长对失业者提供补助金的期限，或加大对地方政府兴办公共工程的资金支持力度，这有助于恢复和增加就业、提升经济景气程度。在经济繁荣时期，中央政府往往会减少反周期的财政拨款，以限制地方财政支出、防止经济过热。

第四，拨款有时要体现拨款者希望提高地方政府增收的积极性的意图。无条件转移支付的方式最能促进受补政府增加自己的收入，由于其资金的使用不受任何条件约束，可以对它自由支配。只有这样的拨款才能最大限度地刺激受补政府提高本级财政收入的积极性，但是这类拨款与地方政府的税收努力程度密切相关，在设计拨款时要将税收努力的因素考虑在内。

第二节　政府间转移支付的效应分析

政府之间的财政转移支付是财政分权体制的重要组成部分，它在解决外部性、公平的收入分配、维持有效的税收体系等方面发挥着显著作用。

财政转移支付的方式一般可以分为条件转移支付（conditional grants）和非条件转移支付（unconditional grants）。这两种是有差别的，前者的目的往往是内部化一地区对别的地区的外部性影响，如高速公路建设，它往往表现为中央与地方共同出资来完成某一项目或政策目标，形成中央与地方出资的匹配关系，中央政府出资的比例高，往往说明该项目的外溢性更强；后者的目标主要是平衡人均财政收入与支出的差异，表现为中央政府或上级政府总体上将对富裕地区征收的税收向贫困地区转移。从国际经验上看，出于财政平衡目的的总量转移支付发挥了主要作用，如澳大利亚、加拿大、德国等，而美国联邦政府与州政府之间的总量转移支付较少，但在一个州范围内的总量转移支付却经常发生，如在教育领域内的转移支付。

一、政府间转移支付对下一级政府的财政收入行为影响分析

政府间的转移支付制度能够缩小地区间财力的差距，但是不恰当的转移支付体系会影响地方政府的收入行为。地方政府需要筹集财政收入满足公共支出的需要，财政收入主要来源于本级的财政收入和上级政府的转移支付两个方面。其中，转移支付不仅要考虑到地方公共支出需求、人口规模、人口结构等一系列因素，还要考虑到地方财政收入和财政缺口情况。财政努力度表示政府利用税收能力的高低，和地方财政收入和财政缺口息息相关。因而转移支付制度对地方政府财政收入行为，特别是对地方财政努力产生影响。然而经济学中关于转移支付与地方政府财政努力间关系的研究，主要围绕"粘蝇纸效应"（flypaper effect）的研究展开。

（一）粘绳纸效应

粘蝇纸效应是指中央政府拨付的钱会粘在它到达的地方部门，从而增加这个地方政府的支出，而增加的支出水平大于本地方政府税收增加所带来的地方政府公共支出水平。格拉姆利克（Gramlich）认为，在长期内，中央政府的总量拨款比中央政府对地方政府上缴税款的减免，更能刺激地方政府的支出。当辖区内成员净收入增加一美元时，地方政府的支出增加 0.05～0.1 美元；当中央政府总量拨款增加 1 美元时，地方政府的支出将增加 0.4～1 美元。因曼（Inman）也认为，地方政府的预算支出对接受的转移支付增长的弹性，大于对本地区非公共部门收入增长的弹性。也就是说，地方政府对待中央政府总量拨款所带来的预算支出，没有像对待本地税收收入增长带来的预算支出那样珍惜。这种现象被称作粘蝇纸效应，即资金留在了它所到达的地方。

对于产生粘蝇纸效应的原因，存在多种解释。主要有尼斯坎南（Niskanen）的追求预算最大化的政府官员行为模型，奥茨的财政幻觉模型等。尼斯坎南认为，政府官员追求自身利益最大化，并最终以预算最大化的形式来体现。奥茨则从财政幻觉的角度来予以解释。他认为辖区居民往往把总量拨款看作地方公共产品价格的下降，而不是收入的增加，并因此产生财政幻觉。等值的总量拨款和居民收入的增加对政府支出

的刺激作用，取决于当地公共产品需求的价格弹性和收入弹性的大小。如果价格弹性大于收入弹性，拨款对地方政府支出的刺激作用大于居民收入的提高，也就是粘蝇纸效应是由公共产品需求的价格弹性大于收入弹性而产生的。奥茨的研究表明，价格弹性约为0.4，收入弹性约为0.1。显然，拨款对政府支出的刺激作用大于地方居民收入的增加，粘蝇纸效应存在。粘蝇纸效应不仅降低了转移支付使用的效率，而且使地方政府对中央政府的转移支付产生了依赖。

博弈论也对转移支付与地方政府财政努力的关系做出了解释，见图7-1。假设地方政府是以财政收入和地区生产总值最大化为目标的。为了同时实现这两个目标，地方政府面临既要保证收支平衡，又要保证非公共部门拥有足够的社会财富，以利于地方经济发展的两难选择。一方面要增加收入；另一方面又不能无限制地征税收费。于是争取中央补助就成为地方政府的必然选择。假设中央政府可用于补贴的总量为T，有A、B两个地方政府，其税基和征税难度相同，即在征收同样数额的税收时，征税成本都为c，影响其税收的因素只有财政努力。当A、B两个地方政府都努力增加收入时，其收入仍难以满足支出需求，收支缺口均为$1/3T$，且完全由中央政府补贴弥补，补贴数量都是$1/3T$。当一个地方政府故意降低财政努力导致收支缺口扩大，中央政府将给其剩余的所有补贴即$2/3T$，而努力程度没有变化的另一个地方政府所得到的补贴仍为$1/3T$。当两个地方政府都不努力时，收支缺口相同，中央政府将在两者间平均分配补贴，即各为$1/2T$。

<table>
<tr><td></td><td></td><td colspan="2" style="text-align:center">A地方政府</td></tr>
<tr><td></td><td></td><td>努力</td><td>不努力</td></tr>
<tr><td rowspan="2">B地方政府</td><td>努力</td><td>$1/3T-c$, $1/3T-c$</td><td>$1/3T-c$, $2/3T-c$</td></tr>
<tr><td>不努力</td><td>$2/3T-c$, $1/3T-c$</td><td>$1/2T-c$, $1/2T-c$</td></tr>
</table>

图7-1　转移支付与地方政府财政努力

从上述博弈矩阵可以看出，这是一个纳什均衡，也是一个占优策略均衡，即无论对手如何变化策略，都存在唯一的最优策略。对于A、B两个地方政府而言，选择不努力征税得到的中央政府补贴，总是大于努力征税时的所得，不努力就是双方共同的最优策略。由于不努力能够获得更多的中央政府补贴，地方政府A和地方政府B都将从自身利益出发选择不努力。这种结果导致中央政府用于转移支付的资源将没有剩余。只有在两个地方政府都努力增加收入时，中央政府的转移支付才有一定的剩余，在其余三种情况下，中央的转移支付将全部拨付给地方政府。显然，这种均衡无法使公共资源的配置达到帕累托最优。这种低效率在现实中表现为地方政府"藏富于民"，不集中精力征收税款，而是把心思用在与中央的"讨价还价"上。甚至为了争取更多的中央政府补贴，故意造成财政赤字。如何尽量避免这种低效率现象的出现，是建立完善的转移支付制度必须要考虑的。

在我国财政体制历史中出现过各地方政府与中央政府之间博弈造成低效率的现

象。财政包干制是由中央核定收支总额，中央根据地方政府实际收支情况，让其上缴收入或接受差额补贴。虽然调动了地方的积极性，但也带来了一些弊端。地方政府财政包干的基数没有客观的判断标准，大部分情况下取决于地方政府的谈判能力。由于缺乏客观性，地方政府倾向于压缩收入基数，增加支出基数以便获得中央政府的补贴。各地方政府缺乏征税的主动性，预算外的资金增多，拥有各自的"小金库"，这使得中央财政困难，影响其宏观调控能力的发挥。财政包干制与社会主义市场经济的发展有诸多不相适应之处，为了建立适应社会发展的财政体制，于1994年开始实行分税制。

（二）不同类型转移支付对地方政府财政努力程度的影响

罗伊·鲍尔较早研究了转移支付与地方政府财政努力之间的关系，认为地方政府会过度依赖上级政府的转移支付，从而降低地方财政努力程度。随后学者的研究也认可了这一观点。转移支付与地方政府财政努力程度之间有密不可分的关系。具体来说，税收返还与地方财政努力两者之间呈现正相关关系。因为税收返还数额与地方税收增长情况直接挂钩，地方税收增长得越快返还的数额越多，因而税收返还提高了地方财政努力程度。一般性转移支付主要用于弥补净财政收入的差距，地方政府往往会将一般性转移支付视为本级政府收入的替代，从而导致地方政府高度依赖于转移支付，降低了财政努力程度。专项转移支付也会降低地方财政努力程度。专项转移支付主要为地方公共支出融资，由于地方政府财政收支矛盾普遍尖锐，地方政府更加依赖于转移支付而非地方税收为基本公共服务和设施融资，因而专项转移支付对地方财政收入行为存在消极影响。

国内关于转移支付对地方政府财政努力影响的实证研究很少，比较突出的成果主要有乔宝云等（2006）对1994～2002年转移支付与地方政府财政努力相关性的研究，他们将转移支付分为两类：一是税收返还，作为公式化转移支付；二是总量转移支付，包括财力性转移支付和专项转移支付。检验各省（自治区、直辖市）所接受的转移支付占全国总量的比值与财政努力程度的关系，并专门检验了民族地区的情况。他们的结论是，税收返还和总量转移支付都对地方政府的财政努力产生了反向作用，即转移支付降低地方政府的财政努力，尤其是在富裕地区和人口大省这种情况更明显，而民族地区的情况恰恰相反，转移支付对此类地区的财政努力产生了正向作用。

首先，税收返还对地方政府财政努力产生了正向激励作用，实现了政策目标。税收返还作为1994年分税制改革的核心内容之一，虽然是中央与地方妥协的产物，在客观上维护了改革前的地方既得利益，使富裕地区获得更多的税收返还，但不利于实现财政均等化，均等化绩效明显不如其他两类转移支付。不过，中央政府设计税收返还的政策初衷并不在于实现财政均等化，而是如何减少改革的阻力，同时利用多上缴、多返还的分享机制，激励地方政府配合中央尽力征税，使中央政府获得稳定、充足的税收收入。税收返还对地方政府的财政努力产生了正向激励作用，有利于提高地方政府的征税努力，税基充裕地区上缴税收高于不足地区，税收返还达到了其应有的政策目标。

其次，财力性转移支付和专项转移支付对地方政府财政努力产生了反向激励作用，应当调整拨款方式。财力性转移支付和专项转移支付作为总量转移支付，对地方政府财政努力产生了反向激励作用，不利于提高地方政府的财政努力。如果税收返还的政策目标是鼓励地方政府多征税，从而保证中央政府的收入，那么，财力性转移支付和专项转移支付应当在实现财政均等化中扮演重要角色。这说明现有的均等化转移支付制度抑制了地方政府的财政努力，在激励地方政府提高财政努力，增加地方政府财政收入方面效果不显著。因此，有必要调整中央补助的拨款方式。根据相关性分析，专项转移支付的系数小于财力性转移支付，说明前者对地方政府财政努力程度的反向激励作用小于后者。这样的检验结论显然不利于一种国内较流行的观点，即应当增加财力性转移支付占整个转移支付的比例，这样有助于实现财政均等化。

根据以上分析，这种观点只看到财力性转移支付所具有的均等化作用，却无视这种无条件的总量补贴可能对地方政府财政努力造成的消极影响。由于专项转移支付由中央政府指定用途，地方政府的自由裁量度不大，有助于提高公共服务供给，实现均等化。财力性转移支付可由地方政府自行支配，可能没有用于急需的公共服务供给。因此，应当保持专项转移支付在转移支付中所占比例。所以应当增加专项转移支付份额，减少财力性转移支付所占比例。

（三）转移支付前后地方政府人均财力的变化情况分析

从转移支付实施的主要目的来看，主要是为了缩小地区间财力差距，弥补财政实力薄弱地区的财力缺口，均衡地区间财力差距，实现地区间公共服务能力的均等化。地方政府通过获得财政转移支付，提高财政收入水平，缩小财政收入差距。

从人均财力[①]这一指标来看，转移支付前后各省的人均财力均有所增加，但由于获得的转移支付数额不一，各省人均财力排名会受到相应影响。在不考虑中央转移支付的情况下，如图7-2所示，从排名来看，2021年排在前5位的分别是上海、北京、天津、浙江、江苏，后5位分别是广西、甘肃、黑龙江、河南、吉林；在考虑中央转移支付的情况下，如图7-3所示，从排名来看，2021年排在前5位的分别是西藏、上海、北京、青海、内蒙古，后5位分别是河南、广西、山东、河北、湖南。

按照中央关于"缩小区域人均财政支出差异"的有关精神，近年来在分配财力性转移支付时，资金分配重点向河南、山东、四川等人口大省，以及人均支出水平相对偏低的省份倾斜。

---

① 基于可比性，这里所指的人均财力只考虑一般公共预算这本账，转移支付前人均财力＝该年度该省一般公共预算收入/上年度末该省常住人口数；转移支付后人均财力＝（本级一般公共预算收入＋中央（上级）一般公共预算补助收入）/上年度末该省常住人口数。

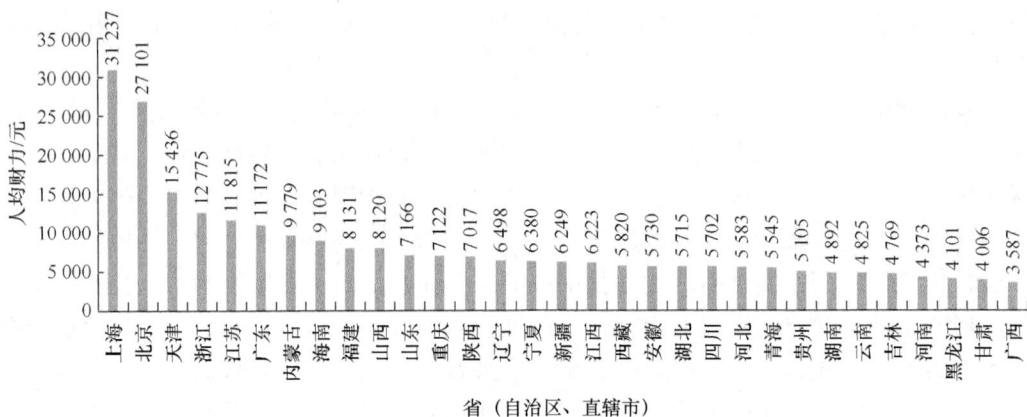

图 7-2　2021 年 31 个省（自治区、直辖市）人均财力排行榜（转移支付前）

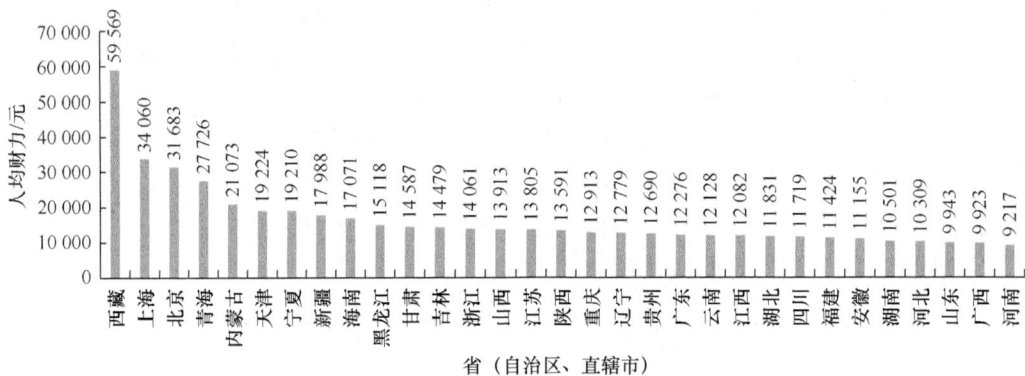

（人均财力/元）

省（自治区、直辖市）	人均财力/元
上海	31 237
北京	27 101
天津	15 436
浙江	12 775
江苏	11 815
广东	11 172
内蒙古	9 779
海南	9 103
福建	8 131
山西	8 120
山东	7 166
重庆	7 122
陕西	7 017
辽宁	6 498
宁夏	6 380
新疆	6 249
江西	6 223
西藏	5 820
安徽	5 730
湖北	5 715
四川	5 702
河北	5 583
青海	5 545
贵州	5 105
湖南	4 892
云南	4 825
吉林	4 769
河南	4 373
黑龙江	4 101
甘肃	4 006
广西	3 587

图 7-3　2021 年 31 个省（自治区、直辖市）人均财力排行榜（转移支付后）

（人均财力/元）

省（自治区、直辖市）	人均财力/元
西藏	59 569
上海	34 060
北京	31 683
青海	27 726
内蒙古	21 073
天津	19 224
宁夏	19 210
新疆	17 988
海南	17 071
黑龙江	15 118
甘肃	14 587
吉林	14 479
浙江	14 061
山西	13 913
江苏	13 805
陕西	13 591
重庆	12 913
辽宁	12 779
贵州	12 690
广东	12 276
云南	12 128
江西	12 082
湖北	11 831
四川	11 719
福建	11 424
安徽	11 155
湖南	10 501
河北	10 309
山东	9 943
广西	9 923
河南	9 217

二、政府间转移支付对下一级政府的财政支出行为影响分析

政府间转移支付采用多种方式。根据上级政府有无规定资金的用途分为有条件财政转移支付和无条件财政转移支付；根据是否要求地方政府提供相应比例的配套资金分为配套的和不配套的；根据对配套的资金拨款是否设有数额上限分为封顶的和不封顶的。这些不同的方式会给地方政府的支出带来不同的影响。

（一）无条件财政转移支付

无条件财政转移支付对拨款的使用没有任何限制，实际上是由一级政府对另一级政府提供的一次性购买力转移。它对政府的影响如图 7-4 所示，地方政府初始预算线为 AA'，所能实现的社会福利最大化点为无差异曲线 I_1 与 AA' 的切点 E_1，此时，该地方政府消费的公共产品（X）与私人产品（Y）分别为 OG、OF。这种情况意味着，地方政府通过征收量为 AF 的税收来提供地方公共产品 OG，税率为 AF/OA。中央政府无条件财政转移支付使地方政府初始预算线向外平行移动至 BB'，新的社会福利最大化点为更高的无差异曲线 I_2 与 BB' 的切点 E_2。从图 7-4 中可明显看出，无条件财政转移支付使地方政府提供的公共产品数量增加，但不是所有补助都用于增加公共产品的供应。地方居民消费的其他物品数量同时增加，对他们来说，无条件财政转移支付具有减税效应，在影响受补地区公共产品的同时，也对私人产品的供求产生影响。

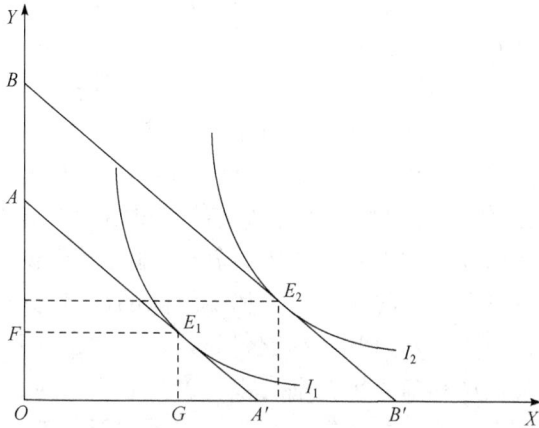

图 7-4　无条件财政转移支付效应分析图

（二）定额财政转移支付

在这种形式下，中央政府对地方政府提供一笔固定金额用于公共产品 X 的供应。这种拨款形式对地方政府的影响如图 7-5 所示。地方政府面临的初始条件不变，E_1 为均衡点。地方政府收到定额拨款使预算约束线变为折线 ACB_1，有条件限制使地方政府选择角点 C（此时 I_1 与 I_2 不是平行关系），在 C 点，地方政府将所有补助都用于公共产品 X 的供应。但地方政府自身将减少用于公共产品 X 的支出，将这部分资金用于其他物品 Y 的供应。在无条件财政转移支付形式下的预算约束线为 BB_1，实现社会福利最大化的点在 E_2 处（此时 I_1 与 I_3 是平行关系，E_2 在比 I_2 更高的无差异曲线 I_3 上）。

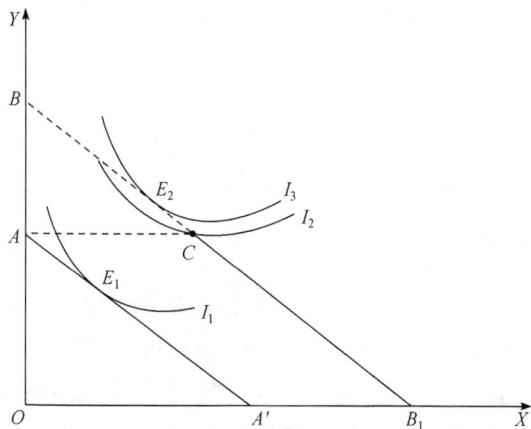

图 7-5　定额财政转移支付效应分析图

由此可知同等数额的无条件转移支付比定额拨款效果更佳。

（三）不封顶配套财政转移支付

在不封顶配套财政转移支付形式下，中央政府为支持地方政府供应公共产品 X，每支出 1 元货币，要求地方政府必须支出一定数额。因此，它实际上是对地方政府供应公共产品 X 的一种从价补贴，降低了地方政府的供应成本。在不封顶的条件下，转移支付对地方政府的支出行为影响如图 7-6 所示。地方政府面临的初始条件不变，引进一笔配套率为 $A'D/OD$ 的不封顶配套财政转移支付，预算约束线由 AA' 变为 AD，实现社会福利最大化的点由 E_1 变为 E_2。点 E_2 与点 E_1 相比，地方政府供应的公共产品 X 的数量增加了 JH，地方居民消费的其他物品 Y 的数量增加了 BC。这说明，不封顶配套财政转移支付一方面增加了地方财政收入，增强了地方政府供应公共产品 X 的能力，即产生了收入效应；另一方面，它改变了 X 和 Y 之间的价格比率，对 X 和 Y 的消费产生了替代效应。显然，与无条件财政转移支付相比，不封顶配套财政转移支付将促使地方政府提供更多的公共产品 X，因为前者仅仅产生收入效应，没有改变这两种商品的相对价格。如此，就实现相同的政策目标来说，采取无条件财政转移支付形式，中央政府将不得不拨出更大的金额。所以，在实践中，拨款者往往更偏好配套财政转移支付形式。另外，若拨款的配套率为 $A'F/OF$，则地方政府的预算约束线变为 AF，新的福利最大化点变为 E_3，以此类推。

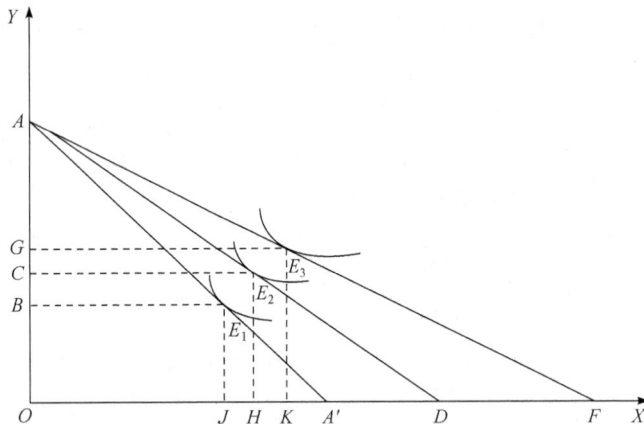

图 7-6　不封顶配套财政转移支付效应分析图

（四）封顶配套财政转移支付

尽管与无条件财政转移支付相比，不封顶配套财政转移支付更容易实现拨款者的意图，但该配套形式在对受补者产生较大激励的同时也给拨款者带来了预算上的压力。因此，为了进一步约束受补者的行为，拨款者往往会把拨款额限定在一定的范围之内。与不封顶配套财政转移支付相比，在封顶条件下，对地方政府影响的区别在于预算约束线的变化不同。如图 7-7 所示，地方政府的初始条件不变，若中央政府对地方政府

供应公共产品 X 的提供限额为 $A'B$ 的配套财政转移支付，地方政府预算约束线则变为折线 ACB。其中，AC 段反映的是中央政府配套补助的情况，CB 段则是中央政府不再提供补助。接受拨款后，地方政府实现社会福利最大化的点 E_2 位于 CB 上。从图 7-7 可知，受补产品 X 的消费量大于没有拨款时的消费量，但小于不封顶拨款时的消费量。由于封顶拨款有利于控制拨款者的成本，因而在实践中更受拨款者欢迎。但是，如果对受补产品 X 的支出低于最高限额，即在图 7-7 中，拨款后新的均衡点落在 AC 段上，则它对地方政府的影响与不封顶拨款没有区别。因此，封顶配套财政转移支付对地方政府的影响取决于中央政府提供限额数量的大小。

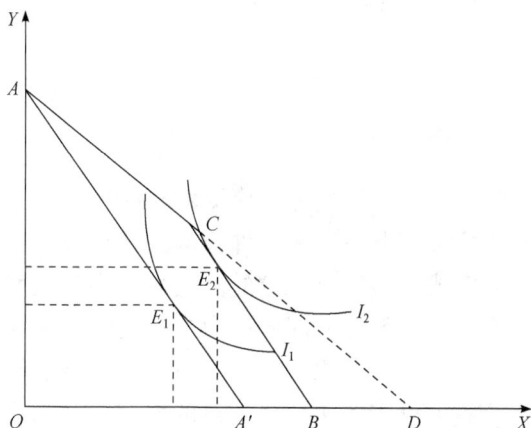

图 7-7 封顶配套财政转移支付效应分析图

第三节 政府间转移支付类型与目标的搭配分析

不同类型的转移支付会有不同的政策效果，如何将转移支付的不同性质与实践目标搭配起来是在制定政策中需要进一步考虑的问题。

一、实现财政公平的转移支付类型

财政公平包括横向公平与弥补财政缺口（纵向公平）两个方面。无条件财政拨款对资金的使用没有明确的规定，并不与特定的政策目标相联系，因而无法判断所有的补助金最终是否都用于那些被认为应优先选择的公共产品上，这种无条件拨款不利于政府实现特定的政策目标。但是，它可以弥补地方政府一般性财力的不足，对于它的使用，地方政府拥有较大的自主权，有利于地方政府实现范围广泛的政策目标和普遍改善地方居民的福利水平。因此，一般认为，应该采取无条件转移支付去实现财政公平目标。在制定拨款计划时，中央政府一般都要以一些客观指标（如人均收入、人均税基、单位公共产品提供成本、收入努力程度等）作为依据，来决定合意的拨款额。

我们国家主要通过一般性转移支付来实现财政公平。一般性转移支付不规定资金的使用用途，也不要求地方政府提供配套资金，由地方政府自主安排，被认为是最规范的无条件转移支付。2022 年中央对地方的一般性转移支付数额为 80 811.30 亿元[①]，其中包括均衡性转移支付、重点生态功能区转移支付、县级基本财力保障机制奖补资金、资源枯竭城市转移支付、老少边穷地区转移支付、产粮大县奖励资金、生猪（牛羊）调出大县奖励资金、共同财政事权转移支付八项内容。均衡性转移支付是一般性转移支付的重要组成部分，其设置的目标就是均衡各地方的财力，逐步实现公共服务均等化。2022 年均衡性转移支付数额为 21 179.00 亿元，仅占一般性转移支付数额的 26.2%。因此还需进一步优化一般性转移支付的结构，以便财政公平的目标得以更好地实现。

二、内在化外部效应的转移支付类型

在存在区域外溢性时，为了诱导地方政府提供正确的公共设施数量，应该给予该地方政府一定的补贴。在这种情况下，无条件拨款无法改变公共产品的相对价格，不可能改变地方政府的行为模式，因而是无效的。同时，由于配套拨款能够比较准确地体现外溢效应的大小，因此，有效使外部效应内在化的拨款应该是有条件拨款。在有条件拨款情况下，地方政府要想得到更多的拨款，唯一的办法是增加受补项目的支出，配套拨款所具有的价格效应可以直接诱导该项目的发展，从而有效实现中央政府的拨款目标。另外，从理论上讲，内在化外部效应的拨款似乎应该是不封顶的配套拨款，但是，出于中央政府控制预算及避免过分刺激受补者的考虑，实践中的配套拨款往往是封顶的，其配套率也常常是灵活多变的。

一般来说，配套拨款被认为是促使地方政府注重中央政府认为重要但却容易被地方政府忽视的任务的一种有效方法。但是，在具体执行过程中，配套拨款面临着两方面的批评：第一，这种拨款方式更容易使较富裕的地区得到更多的资助，其拨款原则是给"有能力得到者"而非"应该得到者"，因而具有"劫贫济富"的性质；第二，配套拨款在一定程度上扭曲了地方支出的原有格局和安排，有可能给地方政府带来其他负面影响，如长期的财政负担等。

例如：云南省怒江傈僳族自治州的兰坪白族普米族自治县在 2014 年还是一个贫困县，基础设施建设成为政府投入最大的部分。为此，多年来兰坪县一直在积极争取上级项目和专项资金，但每个项目都要求地方政府进行配套。不提供配套资金无法得到上级拨款，提供配套资金又使得地方债务负担加重。又如，2014 兰坪县建设村村通公路，全县却因此负债 2 亿元；"十二五"期间，上级累计投入教育基础设施建设资金 1.64 亿元，而需县级政府配套的建设资金却达 2.43 亿元，县级政府多方筹措累计投入配套资金 1.3 亿元，仍有 1.13 亿元的缺口资金。在经济发展落后地区此类现象普遍存

---

① 《2022 年中央对地方转移支付决算表》（Transfer Payments in General Public Budget from Central Government to Local Governments），http://yss.mof.gov.cn/2022zyjs/202307/t20230714_3896491.htm[2023-07-14]。

在。地方配套资金负担严重，会加剧地方的债务，阻碍经济发展，加剧贫富地区之间的"马太效应"。

三、体现拨款者意图和偏好的拨款类型

如前文所述，拨款者的意图和偏好主要体现在有益品、最低服务标准、稳定经济和提高地方政府增收的积极性等四个方面。其中，要想增加中央政府认为的有益品的供给，一般应该采取配套拨款形式。当中央政府想用拨款来保证每一个地区某些公共产品或服务不低于某一特定水平时，合意的拨款类型应该是封顶的有条件拨款或定额的专项拨款，当然，地方政府往往更欢迎后者。原则上看，定额专项拨款的量应该等于地方政府所选择的支出额与中央政府希望的支出额之间的差量，但在实践中，信息不对称使这一点很难确切把握。另外，稳定经济的拨款目的要求拨款在实践和形式上都具有较大的灵活性。最后，如果拨款者的意图是调动地方政府增收的积极性，则最适合的财政拨款应该是考虑地方政府收入努力（或税收努力）因素后的无条件拨款。拨款原则和更优实践如表 7-1 所示。

表 7-1　拨款原则和更优实践

拨款目的	拨款规划	更优实践	应当避免
填补财政缺口	重新分配职责，税费减免，税基共享	加拿大的税费减免和税基共享	赤字拨款，按税收分成方式纳税
减少地区财政不平衡	一般非匹配，均衡性转移支付	澳大利亚、加拿大和德国的项目	具有多重因素的一般收入共享
补偿溢出收益	开放式的匹配转移支付，匹配率与溢出收益相一致	南非共和国的教学医院拨款	
设立国家最低标准	有条件非匹配固定转移支付（服务标准和享用条件）	印度尼西亚 2000 年前的道路和教育拨款、哥伦比亚和智利的教育转移支付	有条件转移支付（具有单独开支的条件），特别拨款
影响地方项目优先顺序——有些项目是国家优先的，但在地方优先程度较低	开放式匹配转移支付（匹配率与财政能力成反比）	加拿大的社会援助匹配转移支付	特别拨款
稳定性	由资本拨款提供的维护成为可能	限制资本拨款的使用，并提供政治和政策风险保证以鼓励私营部门参与基础建设	无未来维持要求的稳定性拨款

资料来源：Shah（1994），沙安文和乔宝云（2006）

为实现中央政府的拨款意图，目前我国主要采用的拨款方式是专项转移支付。不过专项转移支付拨款没有标准化的公式，拨款在一定程度上取决于地方政府的谈判能力，需要资金支持但是谈判能力弱的地方政府不能更好地履行其职能，使得均等化的意图不能实现。基于此，专项转移支付也在不断优化，专项转移支付的项目数量在大

幅减少，资金占比也逐步下降。专项转移支付的支出项目数量从 2013 年的 220 个，减少到 2023 年的 116 个，压缩 47.3%；专项转移支付占总转移支付的比例也从 2013 年的 43.04%下降到 2022 年的 16.2%。

总之，不同财政拨款形式对地方政府行为的影响是不同的，因而具有不同的政策效应。中央政府应该针对不同的政策目标，选择正确的财政拨款形式，以提高转移支付的效率。

第四节　我国转移支付现状及政策建议

进入新时代，财政作为国家治理的基础和重要支柱的定位更加突出。社会主要矛盾也转变为人民日益增长的美好生活需要和不平衡不充分的发展之间的矛盾。政府间的转移支付制度作为财政的一种重要手段，也被寄予了厚望。本节厘清政府间转移支付的现状，提出建设性的意见，使转移支付制度更加适应社会的发展需要。

一、转移支付的现状

分税制财政体制改革后才被明确引入的转移支付制度历经了不断的变化。最初的转移支付制度包括原财政包干体制中的体制补助和体制上解、专项补助、年终结算、过渡期转移支付等。为更好地服务于社会的发展，政府间的转移支付制度在名称、构成和资金分配等方面发生了变化。

（一）现行转移支付的模式

转移支付的模式主要有纵向转移支付和横向转移支付。纵向转移支付是一种"父子式"的拨款方式，即中央政府直接向地方政府拨款。横向转移支付是一种"兄弟式"的拨款方式，即地方政府间资金的流动，富裕地区直接划拨资金到经济发展薄弱的地区。我国实行的对口支援就是横向转移支付的体现。

目前纵向转移支付是我国政府间转移支付的绝对主体，比如中央政府对地方政府的拨款、省级政府对下级政府的拨款。但纵向转移支付也存在许多问题，如资金使用效力不高等。因此有必要发展横向转移支付使之与纵向转移支付互补，从而完善转移支付的模式。横向转移支付有助于解决区域外溢性的问题。地方政府之间也会存在免费搭车的现象，绝大多数地方政府没有激励去提供外部性很强的公共产品，通过横向转移支付的形式受益者可以向提供者进行补偿，解决区域外溢性问题，从而促进整个社会效用最大化。因此纵向转移支付和横向转移支付的相互协调十分必要。

（二）现行转移支付的形式

从预算科目设置情况看，现行转移支付主要包括一般性转移支付、专项转移支付、税收返还。

（1）一般性转移支付。一般性转移支付是中央财政为了弥补经济发展薄弱地区的财政收支缺口，均衡地区间公共服务均等化等目的而对地方政府的财政补助，完全不规定资金的使用用途，由地方连同自有财力统筹安排使用。主要用于均衡地区间财力的差异，提升各地区综合施策的意愿和能力，有利于充分调动地方发展的积极性和主动性。

一般性转移支付是唯一采用公式化计算的一种类型。采用因素法分配，计算思路如下：根据客观因素，采用数字公式计算标准收支来估算地方财政能力和支出需要，以收支差额决定中央对地方的转移支付所需要的适当补助。具体步骤：首先确定影响和决定各级地方政府收支的基本因素，主要有基础因素（包括人口、土地、自然环境、行政机构等）、社会因素（包括市政建设、教育、卫生等）、经济因素（包括人均 GDP、价格差异、通货膨胀等）；其次按照各因素对地方财政收支影响程度的大小确定统计标准，并以此作为测定地方政府潜在税收能力与支出需求的宏观依据；再次根据地方的税源、税种以及税基、税率等测算出各级地方政府的理论收入；最后根据地方财政能力和支出需要的差距推算出中央转移支付的额度。

值得一提的是，2016 年国务院推行中央与地方财政事权和支出责任划分改革后，财政事权被分为中央事权、地方事权、中央与地方共同事权三类。自 2019 年起，从专项转移支付中剥离出部分项目作为"共同财政事权转移支付"合并入一般性转移支付中。共同财政事权转移支付与财政事权和支出责任划分改革相衔接，用于履行本级政府应承担的共同财政事权支出责任，下级政府要确保上级拨付的共同财政事权转移支付资金全部安排用于履行相应财政事权。从表 7-2 可知，共同事权转移支付占一般性转移支付的比例维持在 45%左右。

表 7-2　2019～2022 年共同事权转移支付情况表

转移支付项目	2019 年	2020 年	2021 年	2022 年
一般性转移支付/亿元	66 798.16	69 459.86	74 799.29	80 811.30
其中：共同事权转移支付/亿元	31 845.69	32 180.72	34 258.82	36 969.04
共同事权转移支付占一般性转移支付的比例	47.67%	46.33%	45.80%	45.75%

（2）专项转移支付。专项转移支付是中央财政为实现特定的宏观政策及事业发展战略目标，对承担委托事务、共同事务的地方政府给予的具有指定用途的财政资金补助，以及对应由下级政府承担的事务给予的具有指定用途的奖励和补助。专项转移支付涉及的项目繁多，资金划拨没有统一的标准，主观随意性强，容易导致各地方政府的"寻租"行为。2022 年中央对地方的专项转移支付明细见表 7-3。

表 7-3　2022 年中央对地方的专项转移支付明细　　　　单位：亿元

序号	项目名称	决算数
1	食品药品监管补助资金	21.52
2	文化产业发展专项资金	0.83
3	重大传染病防控经费	203.79
4	大气污染防治资金	330.00
5	水污染防治资金	237.00
6	清洁能源发展专项资金	102.93
7	城市管网及污水治理补助资金	150.00
8	土壤污染防治专项资金	44.00
9	农村环境整治资金	40.00
10	农村综合改革转移支付	298.63
11	土地指标跨省域调剂收入安排的支出	222.76
12	普惠金融发展专项资金	107.07
13	中小企业发展专项资金	66.58
14	服务业发展资金	80.00
15	外经贸发展资金	118.04
16	重点生态保护修复治理专项资金	170.00
17	自然灾害防治体系建设补助资金	53.49
18	雄安新区建设发展补助资金	100.00
19	支持海南全面深化改革开放补助资金	100.00
20	东北振兴专项转移支付	85.00
21	基建支出	4932.50
22	其他支出	13.89

资料来源：财政部官网《2022 年中央对地方转移支付决算表》，http://yss.mof.gov.cn/2022zyjs/202307/t20230714_3896491.htm

（3）税收返还。税收返还是为减少分税制改革阻力，维护地方政府既得利益的产物。税收返还包括消费税、增值税、"两税返还"和所得税基数返还，其地区差异性强，会出现逆均等化的效果。2018 年[①]中央对地方的税收返还数额最多的省份为江苏省，返还数为 631.32 亿元；最少的省份为青海省，返还数额为 33.81 亿元，两者相差达 17 倍之多。2018 年中央对地方税收返还分地区决算表如表 7-4 所示。

①　由于 2019 年及以后的税收返还均放在一般性转移支付里进行管理，故税收返还分地区决算表最新只到2018年。

表 7-4　2018 年中央对地方税收返还分地区决算表　　单位：亿元

地区	2018 年预算数	2018 年决算数	地区	2018 年预算数	2018 年决算数
北京	536.57	528.01	湖北	308.26	300.24
天津	201.24	191.78	湖南	290.30	282.26
河北	347.71	320.99	广东	544.16	529.82
山西	161.14	146.65	广西	230.35	226.35
内蒙古	185.24	174.81	海南	93.46	92.98
辽宁	302.97	293.15	重庆	214.03	212.17
吉林	135.62	132.41	四川	462.41	455.87
黑龙江	108.54	96.09	贵州	193.15	190.60
上海	415.12	419.76	云南	338.92	336.82
江苏	658.17	631.32	西藏	47.42	47.10
浙江	359.58	354.67	陕西	157.26	149.79
安徽	299.15	296.99	甘肃	132.50	128.80
福建	266.82	255.79	青海	35.89	33.81
江西	252.96	246.93	宁夏	47.99	45.38
山东	512.41	495.07	新疆	122.62	36.47
河南	383.01	378.65			

资料来源：财政部官网，http://yss.mof.gov.cn/2018czjs/201907/t20190718_3303315.htm

二、转移支付的效果分析

自 1994 年实行分税制改革以来,政府间的转移支付不断完善,管理日趋合理规范,资金规模不断提升，在协调区域间财力的平衡、推进公共服务均等化等方面发挥了有力的作用，也使中央各项宏观调控政策得以贯彻落实。但转移支付制度也有需要改进的地方，比如各类转移支付之间的边界不清影响均等化政策目标的实现，缺乏合理拨款方式的专项转移支付制度影响拨款者意图的充分实现，各级政府之间事权与财权界定不清导致相互推诿责任等。

（一）转移支付体系的均等化效果有待进一步提高

转移支付制度均等化主要体现在地区间财力的均等化和公共服务均等化两个方面，两者之间的关联性强，实现公共服务均等化的重要条件之一是财力的均等化。随着财政作为国家治理的基础和重要支柱的地位不断明确，转移支付对实现公共服务均等化的作用更为突出。但就目前而言，转移支付体系均等化效果较为有限。以未实行共同事权转移支付之前的 2018 年为例，从图 7-8 可以看出区域间在人均教育、人均医疗卫生、人均社会保障与就业方面的投入存在较大的差距。提高公共服务均等化水平还需要进一步完善转移支付体制。

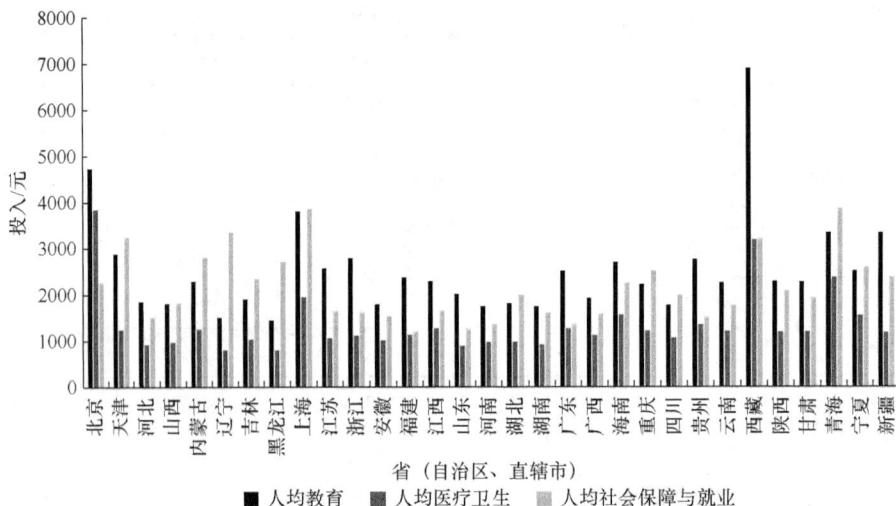

图 7-8　2018 年各区域人均教育、人均医疗卫生、人均社会保障与就业的投入情况
资料来源：《中国统计年鉴》

央地之间支出偏好存在差异。地方政府绩效考核主要是通过地区生产总值等经济指标，由此引发的"晋升锦标赛"虽在一定程度上促进了地方经济增长，但也导致了公共产品供给扭曲。在中国式分权背景下，财政能力和晋升的双重压力，会导致"重投资轻民生"现象突出。地方政府的支出偏好更容易倾向于生产性领域，用于创造税源和政绩。中央政府和地方政府资金配置差异直接影响均等化的实现程度。

均衡性转移支付绩效不突出。均衡性转移支付的目标是扭转不同地区间财力差距扩大的趋势，保证各地方政府提供公共服务的能力。然而在转移支付体系中，均衡性转移支付所占的比例偏低。如表 7-5 所示，均衡性转移支付占总转移支付的比例总体上偏低，到 2018 年占比仅为 22.9%，致使转移支付均等化的效果偏低。

表 7-5　2013～2022 年中央转移支付主要项目情况

年份	2013	2014	2015	2016	2017	2018	2019	2020	2021	2022
转移支付总额/亿元	42 973	46 510	50 079	52 574	57 029	61 649	74 360	83 218	82 152	96 942
专项转移支付占比	43.3%	40.7%	43.2%	39.4%	38.4%	37.2%	10.2%	9.3%	9.0%	7.8%
一般性转移支付占比	56.7%	59.3%	56.8%	60.6%	61.6%	62.8%	89.8%	83.5%	91.0%	83.4%
均衡性转移支付占比	22.8%	23.2%	36.9%	39.4%	21.8%	22.9%	21.0%	20.7%	23.0%	21.8%
重点生态功能区转移支付占比	1.0%	1.0%	1.0%	1.1%	1.1%	1.2%	1.1%	1.0%	1.1%	1.0%
产粮大县奖励资金占比	0.7%	0.8%	0.7%	0.8%	0.7%	0.7%	0.6%	0.6%	0.6%	0.5%

续表

年份	2013	2014	2015	2016	2017	2018	2019	2020	2021	2022
县级基本财力保障机制奖补资金占比	3.6%	3.6%	3.6%	3.9%	3.9%	4.0%	3.6%	3.6%	4.1%	3.9%
资源枯竭城市转移支付占比	0.4%	0.4%	0.4%	0.4%	0.3%	0.3%	0.3%	0.3%	0.3%	0.3%
老少边穷地区转移支付占比	1.5%	1.5%	2.5%	2.9%	3.2%	3.5%	3.4%	3.4%	3.7%	3.4%
共同事权转移支付占比							42.9%	38.7%	41.7%	37.5%
税收返还及固定补助占比	11.7%	10.9%	10.0%	13.0%	14.1%	13.0%	15.1%	13.6%	14.1%	12.2%
体制结算补助占比	3.4%	4.0%	2.0%	2.0%	2.5%	2.6%	1.8%	1.8%	2.5%	2.7%

资料来源：根据财政部官网数据计算得出

注：共同事权转移支付是 2019 年才有的，故以前年度数据无；2018 年以前的数据中只有"税收返还"这一项，而 2019 年及以后的数据中统计的是"税收返还及固定补助"。2019 年及以后的数据中"均衡性转移支付"这一项，决算表中不再区分大口径与小口径，默认使用了小口径；而 2017 年、2018 年的数据中"均衡性转移支付"这一项，决算表中区分了大小口径，决算表中注明的是小口径数据；2016 年及之前的数据中仅有大口径的"均衡性转移支付"。因此，均衡性转移支付这一项数据在纵向上的变化也较大。为方便处理，转移支付总额使用的数据不含小数部分，与统计年鉴有一定的差异。2020 年中央转移支付中单列一项：特殊转移支付，金额 5992.15，占比 7.2%。2022 年中央转移支付中单列一项：支持基层落实减税降费和重点民生等专项转移支付，金额为 8533.49，占比 8.8%

（二）拨款者意图实现程度有限

拨款者意图主要依靠专项转移支付来实现，然而由于专项转移支付制度自身的缺陷会导致其资金截留率高、支付规范缺位等问题。制度本身不规范会导致拨款者意图不能得到很好的实现。

资金拨付标准不科学不合理、资金截留、拖延现象严重。拨款者意图的实现前提是"中央划拨的钱款顺利地到达了地方"，但是现实的情况并非如此。专项转移支付拨款的依据是项目制，并无客观统一的标准，主观随意性大。如审计署公布的《国务院关于 2022 年度中央预算执行和其他财政收支的审计工作报告》中指出，2022 年，部分转移支付和投资专项分配不科学不合理。共涉及财政部 30 项转移支付和国家发展改革委 29 项投资专项。分配方法不科学不精准，11 项转移支付分配时，存在基数固化等问题，导致分配结果不精准，涉及 416.17 亿元；22 项转移支付和 6 项投资专项分配时存在未严格按办法分配、扩大补助范围、增加审批环节等问题，影响公平；11 项转移支付和 4 项投资专项因基础数据不准确等，造成相关省份多分或少分资金 15.74 亿元。

专项转移支付由地方数十个职能部门分管，即使一个部门仅截留一部分，总的截留数目也会很高。再者，在现行的行政体制下上级政府有能力截留下级政府的资金，而公共服务的提供者多为基层政府，资金下达所经的层级多、链条长、资金在途时间长易造成资金层层截留，影响资金分配使用率和政策目标的实现。因此专项转移支付的资金被截留、挪用、挤占的现象使得拨款者意图实现的程度有限。《国务院关于 2022 年度中央预算执行和其他财政收支的审计工作报告》中指出，中央财政补助地方政府偿还二级公路债务任务于 2020 年完成后，每年 200 亿元的补助资金被调整用于补助地方普通公路养护支出；而根据国家发展改革委投资计划草案，财政部于 2022 年 3 月下达 1533 个中央本级项目 1110.57 亿元预算。但对其中涉及 550.49 亿元的 1263 个项目投资计划下达滞后，有的至 2022 年 9 月底才下达，导致预算资金未能及时支出。对 21 个投资专项涉及的 656.96 亿元地方项目，投资计划下达不及时，有的延至年底，导致项目资金预算无法据以及时下达。投资专项计划下达与项目进度不匹配。向建设进度滞后、资金闲置的 5 个项目继续安排投资，已下达 31.63 亿元，至 2022 年底结转 21.16 亿元；向规划工期 2 年以上的 55 个项目一次性下达全部投资 41.39 亿元，至 2022 年底结转 26.84 亿元。

（三）财权与事权不匹配

政府间责任划分不够清晰。各级政府之间的财政关系缺乏宪法与法律的规范制约，尤其是中央与地方政府间的事权和支出责任划分没有法律条文予以明确，导致出现了政府间的财政事权混乱的现象。我国财政体制改革没有和行政体制改革同步进行，下级政府受到上级政府的制约。下级政府的资金拨款和人事任免等诸多方面都由上级政府进行决策，导致下级政府失去了和上级政府"抗衡"的权力。"财权集中、事权下放"的局面使得资金薄弱的基层政府承担了更多的责任，导致政府服务不足。基层政府承担着基础教育、医疗卫生等最基本的公共服务，县乡的支出责任偏大，然而基层政府财政困难成为一个普遍的现象。政府与市场、社会等各方力量的职能划分不够完善，导致政府缺位、越位、错位问题同时存在。政府的越位主要表现在政府承担了不少应该由市场、社会承担的责任。例如，财政尚未退出营利性领域，继续实行企业亏损补贴和价格补贴。政府的缺位主要表现在基础公共服务的提供不足，地区间差异明显。

最基本的公共产品提供职能往往由供给能力较弱的基层政府承担。基础教育和公共卫生这类区域外溢性强的公共产品过多地由县乡政府承担，主要的社会保障支出也落在了地县两级政府。此外，对乡村公路、学校等基础设施的建设和维护，责任义务主要也由县乡基层政府承担。事权和财权的不匹配导致公共产品不能有效提供。财政事权、支出责任的清晰划分，是转移支付制度的前提和基础，也是解决区域外溢性问题的关键。我们应根据公共产品的受益范围合理地划分事权和财权，同时依据法律规范各自的责任，以解决划分主观随意性大的问题。

三、下一步改革方向

政府间转移支付是多角度目标的有机结合，既包括实现公共服务均等化的终极目标，也包括根据国情和时代背景确定的阶段性目标。转移支付虽然在一定程度上实现了部分政策目标，如纵向、横向财力均衡的体制目标；但仍然面临公共服务均等化的目标并没有实现等诸多问题，针对此提出下述建议。

（一）提升地方财政自给能力，缩小地区间均等化差距

提高地方政府的财政自给能力，完善地方财政的自我"造血"功能，这需要结合地方税收体系的进一步完善来解决。只有地方政府的可靠财力有了保障，中央的转移支付才能有效落实，提升地区公共服务均等化。地方税收体系的构建有助于提升地方政府的自给能力，协调区域财力，均衡公共服务供给。但到目前为止，我国还没有构建出可供地方政府依赖的主体税种，找到恰当的主体税种是十分必要的，这样才能更好地保障转移支付政策目的的实现。地方政府的财政自给能力得到提升，对中央的转移支付制度的依赖性变小，可以避免地方政府之间为获得更多的转移支付资金而进行恶性竞争。

各国对房地产税作为地方主体税种的优势已有较为一致的认识，房地产税在税收体系建设中具有不可替代性。房地产税与地方公共服务水平相关联，可以有效地激励地方政府提供更多的公共产品。建立健全房地产税并将其作为地方主体税种是未来构建地方税收体系重要的一步。在实践中不断完善和解决房地产税存在的"税基窄、税率低、计税依据不实、减免过宽"等税制设计方面的问题，为进一步发展提供基础。

（二）加强资金使用力度的监管，实现拨款者意图

为了应对转移支付的截留，更好地实现拨款者的意图，最直接的对策是强化转移支付的制度管理与使用中的监管。尤其要关注专项转移支付的使用，以及财力净流入地区的使用。然而现实中，转移支付制度在立法方面缺乏权威性的法律法规，我国财政转移支付的法规主要是以部门规章的形式，现行《预算法》中没有规定具体制定部门规章的主体。在实际操作中，财政部门成为财政转移支付的立法单位。财政部门既是运动员，又是裁判员，可能导致执法力度不强、违法不究。法治化是国家治理现代化的必经之路，只有以宪法作为保障，以完备的法律对财政转移支付进行规范和调整，才能形成更加科学、高效、规范的财政转移支付制度，才符合财政法治的基本要求。

治本之策是对政府间关系进行调整。转移支付截留的根源是政府间财政收入与人事管理关系所导致的上下级政府固有的不平等，所以逐步深化地方财政分权应当对于减少转移支付截留具有重要意义。

（三）明确受益范围，合理划分事权财权

合理界定不同层级政府事权财权关系，为建立财权与事权相匹配的机制奠定基础。建立财权与事权相匹配的机制，首要的是合理划分不同层级政府的事权范围，并将其规范化、法定化。总的来说，由于公共产品的受益范围不同，提供产品的主体也有区

别。事权的划分可以分为以下三类。

一是受益范围为全国性的公共产品应当由中央政府及其财政部门提供,在市场经济条件下,义务教育、社会保障、公共卫生等带有非常强的外溢性特征,属于全国性的公共产品服务,原则上应当主要由中央政府提供,国防、外交、司法审判、警察等涉及国家安全的公共产品应该属于中央政府的事权。目前,地方文化、教育、卫生等各项事业费以及公检法的经费完全与地方的财政收入挂钩,存在一定弊端,可将这些事权划归中央政府,实行全国统一标准,并考虑通过补贴等方式调节地区差异。

二是受益范围具有地方局限性的公共产品可由地方政府及其财政部门提供,比如区域性的疾病防治等应归地方事权,由地方提供财政、财力支持。

三是交叉性的公共产品,也就是不能完全划为地域性或者全国性的事权,并且具有一定的地域优越性,但又可能产生一定范围内的区域外溢性的公共产品,像有些重大建设项目,如交通建设、水利建设、电网建设、环境保护等,这些事权可由中央和地方两者共同提供,由中央和地方财政共同承担,并按具体项目明确分担比例。各级政府的事权配置要法定化,不能随意转移,凡属省市级政府承担的,省市级政府不能转嫁给县乡政府,委托县乡政府承办的事务,不能留资金缺口,不得要求县乡政府安排配套资金。共同承担的事务,应根据各方受益程度,并考虑县乡财政的承受能力,确定合理的负担比例。

(四)共同财政事权,实行共同事权转移支付

为了促进不同地区间的经济协调发展和公共服务均等化,国务院通过明确中央和地方的财政事权,将资源配置得更加科学合理,并且增强地方政府的财政自主权,让不同地区更多地参与到国家发展中来。并通过共同事权转移支付,实现中央与地方在共同事权上承担相应的支出责任。共同财政事权转移支付制度是指中央政府和地方政府在共同承担公共服务和社会事务开支的基础上,通过划分财政事权、分类管理、分档次施策、转移支付等方式,实现跨区域协调发展的一种财政政策。

由于中央与地方财政事权和支出责任划分改革涉及财政支出的所有领域,各领域具体情况千差万别,为此中央采取了分领域分别制定具体方案的办法。《基本公共服务领域中央与地方共同财政事权和支出责任划分改革方案》(国办发〔2018〕6号)规定:"将涉及人民群众基本生活和发展需要、现有管理体制和政策比较清晰、由中央与地方共同承担支出责任、以人员或家庭为补助对象或分配依据、需要优先和重点保障的主要基本公共服务事项,首先纳入中央与地方共同财政事权范围。"

截至2022年底,暂定为共同事权的有八大类18项:一是义务教育,包括公用经费保障、免费提供教科书、家庭经济困难学生生活补助、贫困地区学生营养膳食补助4项;二是学生资助,包括中等职业教育国家助学金、中等职业教育免学费补助、普通高中教育国家助学金、普通高中教育免学杂费补助4项;三是基本就业服务,包括基本公共就业服务1项;四是基本养老保险,包括城乡居民基本养老保险补助1项;五是基本医疗保障,包括城乡居民基本医疗保险补助、医疗救助2项;六是基本卫生

计生，包括基本公共卫生服务、计划生育扶助保障 2 项；七是基本生活救助，包括困难群众救助、受灾人员救助、残疾人服务 3 项；八是基本住房保障，包括城乡保障性安居工程 1 项。

18 项基本公共服务，被改革确立为典型的中央与地方共同财政事权和支出责任，在支出上由中央与地方按比例分担，具体分担方式如下。

一是中等职业教育国家助学金、中等职业教育免学费补助、普通高中教育国家助学金、普通高中教育免学杂费补助、城乡居民基本医疗保险补助、基本公共卫生服务、计划生育扶助保障 7 个事项，实行中央分档分担办法：第一档包括内蒙古、广西、重庆、四川、贵州、云南、西藏、陕西、甘肃、青海、宁夏、新疆 12 个省（自治区、直辖市），中央分担 80%；第二档包括河北、山西、吉林、黑龙江、安徽、江西、河南、湖北、湖南、海南 10 个省，中央分担 60%；第三档包括辽宁、福建、山东 3 个省，中央分担 50%；第四档包括天津、江苏、浙江、广东 4 个省（直辖市）和大连、宁波、厦门、青岛、深圳 5 个计划单列市，中央分担 30%；第五档包括北京、上海 2 个直辖市，中央分担 10%。

二是义务教育公用经费保障等 6 个按比例分担、按项目分担或按标准定额补助的事项，暂按现行政策执行。具体如下：义务教育公用经费保障，中央与地方按比例分担支出责任，第一档为 8∶2，第二档为 6∶4，其他为 5∶5。家庭经济困难学生生活补助，中央与地方按比例分担支出责任，各地区均为 5∶5，对人口较少民族寄宿生增加安排生活补助所需经费，由中央财政承担。城乡居民基本养老保险补助，中央确定的基础养老金标准部分，中央与地方按比例分担支出责任，中央对第一档和第二档承担全部支出责任，其他为 5∶5。免费提供教科书，免费提供国家规定课程教科书和免费为小学一年级新生提供正版学生字典所需经费，由中央财政承担；免费提供地方课程教科书所需经费，由地方财政承担。贫困地区学生营养膳食补助，国家试点所需经费，由中央财政承担；地方试点所需经费，由地方财政统筹安排，中央财政给予生均定额奖补。受灾人员救助，对遭受重特大自然灾害的省份，中央财政按规定的补助标准给予适当补助，灾害救助所需其余资金由地方财政承担。

三是基本公共就业服务、医疗救助、困难群众救助、残疾人服务、城乡保障性安居工程 5 个事项，中央分担比例主要依据地方财力状况、保障对象数量等因素确定。

以上改革方案，对"十三五"时期国家基本公共服务领域的中央与地方财政事权和支出责任进行了初步明确，尤其是对 18 项民生领域基本公共服务进行了详细规定。根据中央的上述划分方案，国家发展和改革委员会等部门发布了《国家基本公共服务标准（2021 年版）》，各省（自治区、直辖市）也制定了省（自治区、直辖市）基本公共服务领域省（自治区、直辖市）与市县共同财政事权和支出责任划分改革方案，核心就是要明确各项基本公共服务在省（自治区、直辖市）内各层级政府间的支出责任。在此基础上，市县级政府还制定了本辖区的相关方案，由于相关支出责任已经基本明确，市县级方案主要聚焦于更细致的组织实施方案。

2023 年 7 月 30 日，国家发展和改革委员会等部门发布了《国家基本公共服务标准（2023 年版）》（以下简称《国家标准 2023》），并要求各地对照《国家标准 2023》，结合本地实际，抓紧调整本地区基本公共服务实施标准，确保不低于国家标准。各地要坚持尽力而为、量力而行，对于超出国家标准的新增服务项目、提高服务标准、扩大服务对象及增加服务内容等事项，要切实加强财政承受能力评估，履行相关审批程序，确保财力有保障、服务可持续。

　　国家以 18 项基本公共服务为重点，开展中央与地方共同财政事权和支出责任划分改革的基本做法，它涉及中央、省、市、县等各个层级，并覆盖了诸多政府部门，是改革中央和地方关系，尤其是规范中央和地方间转移支付的关键环节。但总体而言，我国中央与地方间财政事权和支出责任划分改革仍然还有很长路要走，许多改革文件方案并未实现像基本公共服务领域那样明确划分财政事权与支出责任，不少方案以"按照中央和地方事权划分，明确各级政府支出责任"的原则表述代替了具体划分。

复习思考题

1. 为什么要进行转移支付？
2. 不同类型转移支付对下一级政府有什么影响？
3. 我国现行转移支付存在什么问题，如何改进？

第八章

地方财政管理

教学目标

1. 掌握地方财政管理的目标和原则。
2. 掌握地方政府预算的程序和内容。
3. 掌握国库集中收付制改革的内容。
4. 了解政府采购的特点和采购方式。
5. 了解政府财务报告的概念和内容。

地方财政管理既是地方的一项财政活动，又是地方的一项管理活动，是对地方财政收支活动进行的计划、预测、组织、指挥、协调、监督和控制。地方财政管理是运用财政立法、司法、制度、政策和措施对地方各方面的财政经济运行过程所进行的综合性及科学性管理。

第一节　地方财政管理的目标和原则

地方财政管理的任务主要是由国家赋予地方政权的政治经济任务所决定的。根据国家现行政治经济体制所划定的管理权限和职责范围，地方政权的主要任务是在确保国家统一政治经济目标实现的前提下，因地制宜制定各地区经济建设和各项事业发展的计划，并保证计划的实现。为确保地方财政管理任务的实现，对地方财政管理的具体活动提出了目标要求，用以检验、考核地方财政管理成效；同时，对管理中应遵行的原则也有明确的要求。

一、地方财政管理的目标

地方财政管理目标是地方政府从事财政管理活动的依据，是考核地方财政管理效率和成果的标准。地方财政管理目标是财政管理的起点，也是财政管理的归属。地方财政管理目标可归纳为根本目标和主要目标两类。根本目标包括效率目标和公平目标，而主要目标包括地方财政运行良性循环、地方财政收入合理增长、本级预算支出的有效监控和确保财政收支平衡。

（一）效率目标

经济主体参与经济活动，对社会资源重新组合与创新的过程，使得资源得到优化配置，达到帕累托效率或帕累托最优状态。效率目标实现主要涉及两个方面：一是既定的经济资源如何在不同利益主体之间合理配置；二是在既定的资源配置格局下，如何通过合理使用，使产出最大或成本最小。这是我们分析经济效率和财政效率的一个规范性参照标准。

地方财政主要发挥对地方资源的优化配置，对地区经济的调控，稳定经济、国民收入的分配与再分配以及保障社会和谐稳定和实现国家长治久安的职能。因此，从管理的角度看，地方财政管理的效率目标既要体现社会经济的宏观效率，又要追求政府部门的工作效率，通常在财政收支决策、调控经济等方面应较多地考虑宏观经济效率，使得财政支出配置效益、财政支出使用效益和财政支出规模效益得到彰显，地方经济健康运行。

（二）公平目标

收入分配的核心问题是实现社会公平，因而财政分配职能所研究的问题就是社会公平的标准与财政调节收入分配的特殊机制和手段，将收入差距保持在社会可以接受的范围内。在社会再生产过程中，既存在着凭借生产要素投入参与社会产品分配所形成的社会初次分配过程，也存在着凭借政治权力参与社会产品分配所形成的社会再分配过程。初次分配是市场经济领域的分配活动，财政再分配则是政府经济领域的分配活动。两个领域中收入分配的原则与机制是完全不同的，在收入分配中如何处理公平与效率的关系也不相同。

按照我国现行的经济核算体系，商品流转税作为商品价格的附加，直接构成要素的一个项目，而所得税是按要素分配的再分配，因此财政既参与价格形成的初始阶段的要素分配，又参与要素分配的再分配。则地方财政的公平目标体现在两个方面：一方面，财政参与国民收入初次分配的，公平目标要求的是一视同仁，体现机会均等、政策公平，为企业创造一个公平竞争的外部环境；另一方面，通过财政收入、支出活动对市场调节所形成的初次分配，进行有效的再分配，达到社会成员收入分配结果的公平、合理。实现地方财政管理的公平需要科学合理地运用税收、政府投资、拨款、转移支付、规范工资制度及均等化公共服务等财政手段，打破过去"企业办社会"的陈规，集中地方财政分配，实现社会均等化。

地方财政管理主要目标体现在分配财政收支活动及与之相关的经济活动中，如组织、指挥、协调和控制，包括实现优化财政收支分配、良性的财政运行循环、财政收入合理增长、本级预算支出的有效监控和确保财政收支平衡，以促进地方经济协调有序地发展。

二、地方财政管理的原则

地方财政管理作为一种对政府财政活动的管理，在管理中既要遵循一般经济管理原则，又要考虑到政府部门与其他非政府部门的差异，因此，地方财政管理原则既有一般管理的共性，又有财政管理的特性。其主要原则可以归纳如下。

（一）法制化原则

法制化原则也就是规范化原则，指地方政府通过运用法律手段调节财政分配关系，强化地方财政分配管理，使地方财政运行的全过程都纳入法制化轨道。财政分配全过程及所有活动都必须有法可依、有法必依、执法必严、违法必究。这是实现政府依法理财，进行规范化管理的前提条件。

（二）量入为出、收支平衡

地方政府在财力调度运行过程中，要坚持量入为出、收支平衡，不管财政收支的矛盾和难度有多大，决不搞赤字财政。关键在于，努力做到"三个平衡"。一是静态平衡，就是预算收支要平衡，"以收抵支"，每年收多少用多少，不搞赤字。预算安排上，要想尽各种办法做好"加减法"，确保重要领域只增不减，大力压减一般性支出，切实把钱花在刀刃上，同时加强地方财政资金的监督管理，最大限度地发挥好财政资金的使用效益。二是动态平衡，就是现金流要平衡。地方财政资金的运作中，现金流的动态平衡能实现，预算收支的静态平衡也就更有保障。三是债务平衡，对于历史形成的债务，在结构上要做到短期和长期债务的调节平衡，严格控制短期债务的增长。

（三）统一领导、分级管理的原则

中国的财政管理体制无论怎样变化，即不管是高度集中型的、适度集权型的，还是相对分散型的，都始终遵循统一领导、分级管理的基本原则，遵循市场规律原则。地方财政管理就是要根据各地的实际情况，在坚持贯彻国家统一的政策、方针、法规、制度和计划的前提下，实行分级管理。给予地方的部门、事业单位相对独立的财政管理权，明确地方各级财政及其事业单位的收支范围和管理权责。地方各级财政有权根据本地区、本部门、本单位的实际情况处理财政及财务问题，更好地完成国家和地方各级政府交给的各项任务，调动各级政权与财政组织促进经济发展和增收节支的积极性。

（四）财权与事权相统一、责权结合的原则

财权与事权相统一、责权结合原则，就是说各级政府有什么样的职权、什么样的办事的事权，就要有相应的财权，要实现财权与事权的统一，就必须要有权与责的结合。权与责相结合反映在财政体制上，就是要使各级财政都有各自的收入来源和支出范围，并且要把财政支出同财政收入尽量挂钩。权与责结合才能切实保证财权与事权的统一。

第二节　地方预决算管理

地方预算是各级地方政府财政收支计划的统称，是地方政府为了满足其政府职能，根据各个地方财政的实际收支情况，有计划、有效率地安排财政资金的征收与使用，是对财政资金取之于民用之于民这一理念的贯彻。地方预算主要担负着地方行政支出，促进地方科技、教育、文化事业和经济发展等任务。我国地方预算实行的是一级政府一级预算，2018年修正的《预算法》第十八条规定："预算年度自公历一月一日起，至十二月三十一日止。"体现了我国地方预算具有年度性。通过地方预算可以了解各个地方的经济特色和运行状况。地方决算是各地方政府经一定程序审批的年度预算执行最终结果的会计报告，是国家决算的组成部分，地方决算由地方财政部门汇总，由下到上层层汇报，最终形成国家决算草案，依照法律程序进行审批。

地方预算和决算构成了地方财政分配的整个过程，预决算存在相互依存的关系，预算是地方财政分配的初始阶段，通过对地方财政收支的控制，就可以实现地方政府的职能；决算是地方财政分配的最终环节，它能反映地方预算是否科学合理。预算是决算的前提，决算是预算的检验，二者相辅相成。当前，我国部分地方政府陷入了严重的债务危机，地方预决算不合理是造成这一问题的主要原因之一，所以做好地方预决算是合理安排财政收支的必要条件。地方预决算管理程序主要涉及预算的编制、执行和决算。

一、地方预算编制

地方预算编制是地方预算管理工作的起点，在预算编制过程中涉及收支计划的拟定、审核、汇总，这就需要对预算编制的基本原则、内容、程序以及形式进行明确。

（一）地方预算编制的基本原则

我国各级地方政府会根据国务院下达的下一年编制预算草案的通知，按照财政部对各级地方政府预算草案的具体事项的部署，在规定的时间及时编制预算草案，并按时向上一级政府汇报本级政府预算草案。各级政府在编制草案时，应当结合各级政府

的实际情况，参考上一年预算编制的绩效评级，对上一年的预算编制进行取优避短，根据法定权限，对下一年度的财政收入或支出做出调整时，应当在预算审核前提出并在预算草案中做出具体安排，编制预算时还应考虑地方下一年度经济社会发展目标、国家宏观调控和跨年度预算平衡的需要。

各级地方政府在编制预算草案时应坚持量入为出、平衡收支原则，不列赤字，《预算法》另有规定的除外。省（自治区、直辖市）可以通过举借债务来筹措资金进行必要的投资建设，但必须是在国务院所确定的限额之内。举借债务的规模上报国务院，国务院报由全国人大或人大常委会批准。各级政府把全国人大所批准的规模编入地方预算草案，报由本级人大批准。各级政府在安排一般性行政支出时要厉行勤俭节约，要把预算支出具体化，按其功能和经济性质进行分类编制。

（二）地方预算编制内容

我国的地方预算包含一般公共预算、政府性基金预算、国有资本经营预算和社会保险基金预算。在编制时应考虑经济发展目标及上年度预算执行情况等，2018 年修正的《预算法》第三十二条规定："各级预算应当根据年度经济社会发展目标、国家宏观调控总体要求和跨年度预算平衡的需要，参考上一年预算执行情况、有关支出绩效评价结果和本年度收支预测，按照规定程序征求各方面意见后，进行编制。各级政府依据法定权限作出决定或者制定行政措施，凡涉及增加或者减少财政收入或者支出的，应当在预算批准前提出并在预算草案中作出相应安排。各部门、各单位应当按照国务院财政部门制定的政府收支分类科目、预算支出标准和要求，以及绩效目标管理等预算编制规定，根据其依法履行职能和事业发展的需要以及存量资产情况，编制本部门、本单位预算草案。"

（1）一般公共预算。一般公共预算是以税收为主体的财政收入，安排用于保障和改善民生、推动社会发展、维护国家安全、维护国家机构正常运转和发挥政府职能等方面的收支预算。地方一般公共预算收入分为税收收入和非税收入。

税收收入包括增值税、消费税、企业所得税和个人所得税等 18 个税种收入，不同项目税种收入需要按照对应的税收分成比例在中央和地方之间进行切分。具体来看：中央固定收入如消费税，需要全额上划中央；地方固定收入如房产税、契税等，全额归属地方；中央、地方共享收入如增值税、所得税等，则按照固定分成比例（增值税 5∶5，所得税 6∶4）。此外，省、市、县各级政府之间也有一定的分成比例，如个人所得税地方分成的 40% 中，15% 属于省级，25% 属于区县级。

非税收入主要包括专项收入、行政事业性收费收入、罚没收入、国有资本经营收入和国有资源（资产）有偿使用收入等若干项。一般来说，经济欠发达地区的非税收入占比较大。

地方一般预算支出包括：一般公共服务支出、教育支出、社会保障和就业支出、农林水事务支出、城乡社区事务支出、交通运输支出、住房保障支出等；对下级的税收返还、一般性转移支付和专项转移支付；体制上解、出口退税上解、专项上解；地区援助支出等。

（2）政府性基金预算。政府性基金预算是指按照法律、行政法规的规定在一定限期内向特定对象征收、收取或者以其他方式筹集的资金，专项用于特定的公共事业发展。政府性基金预算收入主要包括：政府性基金地方收入、转移性基金收入、地方政府专项债务收入和上年结转等收入项目。政府性基金地方收入以国有土地出让金收入为主，转移性基金收入一般包括上级政府补助收入和下级政府上解收入，地方政府专项债务收入和上年结转用来补充收支差额部分。

地方性基金预算支出：按照"以收定支、专款专用"的原则，主要包括单位对职工的工资福利支出；单位购买商品和服务的支出；政府用于个人和家庭的补助支出，如退休金、救济费等；反映各级部门集中安排的一般财政预算拨款用于购置固定资产、战略性和应急性储备、土地和无形资产，以及大型修缮所发生的支出；政府和单位规划各类价款本金方面的支出。

（3）国有资本经营预算。国有资本经营预算是对国有资本收益做出支出安排的收支预算。国有资本经营预算收入：经营和使用国有财产取得的收入，主要包括国有独资企业按规定上缴国家的利润，国有控股、参股企业国有股权上缴的股利、股息收入，国有产权转让收入和清算收入。国有资本预算收入规模较小，大多返还给企业，地方政府可用规模较小。

国有资本经营预算支出：主要包括单位对职工的工资福利支出；单位购买商品和服务的支出；政府用于个人和家庭的补助支出，如退休金、救济费等；反映各级部门集中安排的一般财政预算拨款用于购置固定资产、战略性和应急性储备、土地和无形资产，以及大型修缮所发生的支出；政府和单位规划各类价款本金方面的支出。

（4）社会保险基金预算。社会保险基金预算是指将社会保险缴款、一般公共预算安排和其他方式筹集的资金，专项用于社会保险的收支预算。社会保险基金预算按照统筹层次和社会保险项目分别编制，做到收支平衡。社会保险基金包括企业职工基本养老保险、失业保险、城镇职工基本医疗保险、工伤保险、生育保险、城乡居民基本养老保险、城乡居民基本医疗保险和机关事业单位基本养老保险等八项基金。

社会保险基金预算收入：单位缴纳的社会保险费收入、职工个人缴纳的社会保险费收入、基金利息收入、财政补贴收入、转移收入、上级补助收入、下级上解收入、其他收入。上述基金收入项目按规定分别形成基本养老保险基金、基本医疗保险基金和失业保险基金。

社会保险基金预算支出：社会保险待遇支出、转移支出、补助下级支出、上解上级支出、其他支出。

（三）地方预算编制程序

我国采取的地方预算编制程序主要是自下而上、自上而下、上下结合、逐级汇编的程序。

每年年底之前，国务院和财政部会向省（自治区、直辖市）政府下达编制下一年度预算草案的指示，省（自治区、直辖市）政府会根据国务院的具体要求向所辖本级政府各部门和下级政府下达指示。省（自治区、直辖市）政府和财政厅会对各部门下达下一年度编制预算草案的具体部署，各部门将汇编的预算草案报与省本级进行审核，然后与省本级的预算草案进行汇总。县级以上政府向所辖的各部门下达编制预算要求，各部门再按照要求进行预算编制，然后将所编预算报县级财政部门审核，审核完成后与本级政府所编预算进行第一次汇总，县级以下政府按照县级政府的要求编写预算草案，然后报由县级财政部门进行审核，县级政府将所有的预算草案汇编成总预算草案逐级上报，最终再由省（自治区、直辖市）财政厅汇总编成总预算草案，再报国务院和财政部。

（四）地方预算的编制形式

我国地方预算编制主要有四种形式，分别是单式预算、复式预算、增量预算和零基预算。其中单式预算和复式预算是两个相对的形式，同样增量预算和零基预算也是两个相对的概念。单式预算是把下一年度的收支统一汇总，年度预算收入通过列清单的形式展现出来，通过预算收入清单能够清楚地查询到地方预算收入的数额，同样再以清单的形式把预算支出列出来。但是它存在的缺陷是无法把预算收支与具体的经济形式联系起来，当进行宏观调控时，无法做到精准施策。复式预算不同于单式预算，下一年度编制的预算收支不局限于一收一支这种简单的对照表，它把预算收支按其经济性质进行分类。

增量预算又称为基数预算,在编制下一年度预算草案时要参考本年度的预算草案，以本年的预算草案作为基准，在这个基础上进行调整。零基预算与增量预算相反，它以零为基数，把各个部门的具体发展计划和绩效评价作为编制依据，强调了资金的充分使用标准。

二、地方预算的审查与批准

地方政府预算编制完成后，需要经过地方各级人大和财政部门审查和批准，才能形成具有法律意义的正式文件。在地方各级政府举行本级人大会议时，地方人大会议对预算草案及其报告、预算执行情况的报告进行审查，具体的程序和内容分四个步骤完成。

（一）地方预算的审核

地方各级财政部门对本级各部门预算草案进行审核，在汇编本级总预算时，必须对下级政府上报的预算进行审查。

审查的主要内容包括上一年的预算执行情况是否符合本级人大预算决议的要求；预算安排是否符合《预算法》的有关规定；预算安排是否贯彻国民经济和社会发展的方针政策，收支政策是否切实可行；重点支出和重大投资项目的预算安排是否适当；

预算的编制是否完整，是否符合本级一般公共预算支出，按其功能分类应当编列到项；按其经济性质分类，基本支出应当编列到款，本级政府性基金预算、国有资本经营预算、社会保险基金预算支出，按其功能分类应当编列到项；对下级政府的转移性支出预算是否规范、适当；预算安排举借的债务是否合法、合理，是否有偿还计划和稳定的偿还资金来源；与预算有关重要事项的说明是否清晰。

（二）地方预算的初审

初审是人大预算审核的前置环节和关键依托，近年来，各地人大以财政支出政策和预算绩效为抓手，以部门预算全覆盖为导向，以项目预算为重心，对预算初审进行改革与探索，实现预算初审从形式化到实质化的转变，以实质性预算初审为支点，推动人大预算审核监督整体绩效的提升。

在初审环节，省、自治区、直辖市、设区的市、自治州人大有关专门委员会，县、自治县、不设区的市、市辖区人大常务委员会，向本级人大主席团提出关于总预算草案及上一年总预算执行情况的审查结果报告。报告的内容主要包括对上一年预算执行情况以及是否落实了本级人大预算决议做出客观真实的评价；对本年度预算草案是否符合《预算法》规定和预算草案是否可行做出评价；对本级人大批准的预算草案和预算报告提出建议；对执行年度预算、改进预算管理、提高预算绩效、加强预算监督提出意见和建议。在初审结束后，由地方各级政府在本级举行人大会议期间，向大会做总预算草案的报告，经讨论审查，批准本级预算。

（三）地方预算的批复

各级总预算经本级人大批准后，本级政府财政部门应当在二十日内向本级各部门批复预算。各部门应当在接到本级政府财政部门批复的本部门预算后十五日内向所属各单位批复预算。中央对地方的一般性转移支付应当在全国人大批准预算后三十日内正式下达。中央对地方的专项转移支付应当在全国人大批准预算后九十日内正式下达。省、自治区、直辖市政府接到中央一般性转移支付和专项转移支付后，应当在三十日内正式下达到本行政区域县级以上各级政府。县级以上地方各级预算安排对下级政府的一般性转移支付和专项转移支付，应当分别在本级人大批准预算后的三十日和六十日内正式下达。对自然灾害等突发事件处理的转移支付，应当及时下达预算；对据实结算等特殊项目的转移支付，可以分期下达预算，或者先预付后结算。县级以上各级政府财政部门应当将批复本级各部门的预算和批复下级政府的转移支付预算，抄送本级人大财政经济委员会、有关专门委员会和常务委员会有关工作机构。

（四）地方预算的备案

在预算环节，乡、民族乡、镇政府应当及时将经本级人大批准的本级预算报上一级政府备案。县级以上地方各级政府应当及时将经本级人大批准的本级预算及下一级政府报送备案的预算汇总，报上一级政府备案。县级以上地方各级政府将下一级政府依照前款规定报送备案的预算汇总后，报本级人大常务委员会备案。国务院将省、自治区、直辖市政府依照前款规定报送备案的预算汇总后，报全国人大常务委员会备案。

三、地方预算执行

地方预算在上一环节经过地方各级人大审查批准后，就进入了预算执行阶段。预算执行是指按照法定程序批准的预算进行具体实施阶段，预算执行是实现预算收支的重要环节。

（一）地方预算执行主体

我国地方预算执行的主体主要包括：地方各级人民政府、地方各级财政部门、税务部门和国家金库，这四大机构共同构成了一套完备的预算组织体系。其中地方各级人民政府作为地方预算执行的领导机构，它主要的职能作用是颁布本级预算执行的规定、法令；根据地方预算规定，批准预算费用、使用预算结余、合理调度机动财力以及监督本级预算执行情况。

地方各级财政部门作为预算执行的管理机构，负责制定组织预算收入的各种制度，监督预算收入部门执行情况；监督执行预算资金的分配任务，将预算资金准确合理地拨付给各部门。税务部门是地方预算的征收机构，负责组织地方预算收入的征缴工作，包括税收收入和国有企业上缴的利润，其中海关部门负责组织进出口货物或服务的税收征缴工作。国家金库作为预算收入的出纳机构，负责预算收入的出纳、划分、报解、退库和预算支出的支拨及报告预算支出情况。

（二）地方预算执行内容

地方预算执行内容主要包括三个方面，分别是组织地方预算收入、组织地方预算支出、地方预算调整。

1. 组织地方预算收入

组织地方预算收入主要包括征收、缴库、划分、报解和退库。

（1）征收：各级地方国库或国库经收处根据各级地方所列缴款书上的数据收到预算收入，在征收过程中各级预算收入必须及时足额入库。

（2）缴库：地方预算收入的缴库一般遵循三个原则，分别是就地缴库、集中缴库和自收汇缴。就地缴库指的是企业应当通过其开户行，在规定时间内向所在地地方政府的国库或者国库经收处缴纳应缴税款或企业利润，通过就地缴库可以减少层层汇缴带来的缴库成本。集中缴款是基层缴款部门将应缴预算收入通过银行汇给主管部门，再由主管部门集中缴给国库或国库经收处，集中汇缴适用于实行统一核算的部门。自收汇缴是缴款单位直接向征税机关缴纳税款，再由征税机关上缴给地方国库或国库经收处。

（3）划分：预算收入的划分是根据预算管理机制，将归中央或地方的预算收入按比例进行划分。

（4）报解：在划分的基础上，按规定将预算收入库款解缴到各级国库，使各级国库中的各级预算库款相应增加，保证各级政府可以及时取得收入。

（5）退库：将已经缴入国库的预算收入按照政策规定退还给指定的单位或个人，预算收入一旦缴入国库就成为国家预算资金，退库会减少预算资金的数额，所以要按规定进行严格的审批。

2. 组织地方预算支出

地方预算支出主要是满足地方已经审核通过的预算安排，地方编制的预算安排支出涉及地方政治、经济、文化和教育等公共事业的发展。在进行预算拨款时，地方各级政府要根据预算支出指标，通过各级国库将资金拨付给指定的单位或部门。

在拨款过程中一般要遵循以下四个原则。

一是按照预算拨款，要在预算计划内进行拨款，不能办理无计划、超预算和超计划的拨款。

二是按照进度拨款，这样可以通过资金使用单位实际的用款需求进行统一调度，提高资金的使用效率。

三是坚持专款专用，根据最初的预算支出用途进行拨付，不能挪用或改变其支出用途。

四是按预算层级拨款，严格按照逐级下拨资金，防止越级发生混乱。预算支出一般采用划拨资金或限额划拨的方法。划拨资金指核定的用款单位年度预算，使用拨款凭证，通过国库将资金拨到用款单位的指定账户；限额划拨是财政机关在预算年度内分期下达用款额度，用款单位根据实际情况，向国库申请预算资金。

3. 地方预算调整

地方预算在执行过程中会出现收支不平衡，这时就需要通过一些政策手段进行调整，使其收支平衡。地方预算之所以会出现失衡，是因为地方政府在执行预算的过程中，会根据一些实际情况增加或减少预算的收支，一般情况是增加预算支出和减少预算收入，这就导致核准的预算平衡会出现总支出大于总收入。

进行预算调整时要经过同级人大常务委员会的审核和批准，需要调整预算的各级地方政府，应该由本级财政部门编制预算调整方案，经审核批准以后，由本级政府报上一级政府备案。

预算调整分为全面调整和局部调整，全面调整主要应对国家宏观变动，局部调整是微观层面的变动。由于局部调整是经常发生的，所以局部调整应该进行规范化管理，局部调整一般有四种方式：一是动用地方预备费，一般是为解决预算执行中未在计划内的重大开支而设置的备用资金，预备费通常是紧急使用的，大多用在下半年，而且要经过严格审批；二是地方预算的追加追减，指在原核定的地方预算收支不变的情况下，增加预算收支称为追加预算，减少预算收支称为追减预算，在追加或追减预算时需要地方人大常委会进行审核批准；三是经费留用，是指在保证各项建设事业按时完成，又不超出原定预算支出总额的情况下，由预算科目之间的调入调出和改变资金用途而产生的资金再分配过程；四是预算划转，是指由于用款部门所属单位发生改变，将资金划到所调去的单位。

四、地方决算

地方决算草案是按照法定程序编制，用以反映地方年度预算执行结果的会计报告，是地方经济活动在财政上的集中反映，它反映年度政府预算收支的最终结果，是政府预算执行的总结。

（一）地方决算的准备工作

地方决算涉及范围广、任务大、编制时间紧迫。在编制决算之前应当做好相应准备工作，包括学习国家对于决算编制的统一要求，组织年终收支的清理工作，统一各级地方政府的决算表格。准备工作主要包含以下三个方面。

（1）每年决算编制之前，财政部都会下发地方政府收支决算统一编报办法，指导年终决算编制，地方政府应当认真学习并按照规定对决算进行统一编报。

（2）组织年终收支清理工作：为了保证决算数字的准确完整，保证决算的及时编制，各级财政部门和行政、事业、企业、基本建设单位等，在财政年度终了时都要对预算收支、会计账目、财产物资、往来款项等进行一次全面的核对、结算和清查。

（3）决算表格是决算的编制工具，政府收支决算的所有数字都反映在这些表格上，所以在编制决算前，应当修定和颁发统一的决算表格。

（二）地方决算的编制程序

地方决算的编制是年度地方预算执行结果的总结，体现了地方预算收支的具体完成情况。在做好决算准备工作之后，自下而上，从执行预算的基层政府开始，逐级编制，主要流程包括以下几方面。

（1）单位编制决算。地方各级政府完成决算编制以后，按规定编写决算文字说明书，经单位负责人审阅盖章送主管部门进行汇编，主管部门将汇总单位决算并交由同级财政部门。单位预算报表的数字一般可分为预算数字、会计数字和基本数字。

（2）地方总决算的编制。财政部门将各级审核无误的单位决算汇编成本级决算，将下级政府的财政总决算和本级财政总预算审核无误的表格汇总成总决算。省级财政部门将汇总的总决算表上报财政部。总决算数字按照内容分为预算数字、决算数字和基本数字。

（3）决算文字说明书编制。编写决算文字说明书是为了地方各级政府和各级人大能够清晰地进行审核，它是决算的重要组成部分。一般分为单位决算说明书和总决算说明书。单位决算说明书是年度单位预算执行和预算管理的书面总结，在编写完毕后，应与单位决算一并送交有关领导审阅签字，正式报送上级单位；总决算说明书指年度总决算和预算管理的书面报告。

（三）地方决算的审查和批准

县级以上各级人大常务委员会和乡、民族乡、镇人大对本级决算草案，重点审查下列内容：预算收入情况；支出政策实施情况和重点支出、重大投资项目资金的使用及绩效情况；结转资金的使用情况；资金结余情况；本级预算调整及执行情况；财政转移支付安排执行情况；经批准举借债务的规模、结构、使用、偿还等情况；本级预算周转金规模和使用情况；本级预备费使用情况；超收收入安排情况；预算稳定调节基金的规模和使用情况；本级人大批准的预算决议落实情况；其他与决算有关的重要情况。

地方决算审查有三种方式，包括就地审查、书面审查和派人到上级机关汇报审查。地方决算从内容上包括政策性审查和技术性审查，政策性审查有收入审查、支出审查、结余审查和资产负债审查；技术性审查有数字关系审查及决算完整性和纪实性审查。在决算审查过程中出现的问题，要严格按照政府决算制度和有关规定进行处理。

第三节　地方预决算管理改革

随着我国经济高速发展，财政收入的盘子越来越大，而支出刚性只增不减，财政支出矛盾日益尖锐，成为实施绩效预决算管理改革的内在动因。优化预算资金配置，提升财政支出绩效变得日益迫切，探索地方预决算管理改革，预算绩效管理成为日益显见的现实需求。

党的十六届三中全会通过的《中共中央关于完善社会主义市场经济体制若干问题的决定》中，明确提出了"建立预算绩效评价体系"，此后，财政部陆续出台了规章制度，开展中央部门预算支出绩效评价试点。2003年印发了《中央级行政经费项目支出绩效考评管理办法（试行）》，广东、浙江、上海开始市场化，自发开展了绩效评价的试点工作，为预算绩效管理改革提供了良好的外部环境。2005年印发《中央部门预算支出绩效考评管理办法（试行）》。一些地方积极探索，开展财政项目支出绩效评价工作。2009年财政部印发《财政支出绩效评价管理暂行办法》，开始指导地方财政部门对财政支出进行绩效评价工作。2011年出台《关于印发中央部门财政支出绩效评价工作规程（试行）的通知》，出台《财政支出绩效评价管理暂行办法》，对《财政支出绩效评价管理暂行办法》（2009年）进行修订，确定了预算绩效管理的指导思想、基本原则和主要内容。这标志着我国预算绩效管理工作在全国范围展开。2012年财政部印发《绩效预算管理工作规划（2012—2015年）》，明确提出我国绩效预算管理的总体目标与主要任务。

2014年修正的《预算法》首次将绩效入法，突出了"绩效原则"、"绩效评价结果"和"绩效目标管理"等内容。截至2016年末，按照政府绩效管理试点任务分工和工作要求，财政部积极组织地方各级财政部门和中央各部门全面开展预算绩效管理工作试点，在组织机构建设、规章制度建立、管理机制创新等方面取得了积极进展。2017年党的十九大报告提出，"建立全面规范透明、标准科学、约束有力的预算制度，全面实施绩效管理"[①]。2018年9月，中共中央、国务院印发了《关于全面实施预算绩效管理的意见》，明确指出全面实施预算绩效管理是推进国家治理体系和治理能力现代化的内在要求，是深化财税体制改革、建立现代财政制度的重要内容，是优化财政资源配置、提升公共服务质量的关键举措。加快建成全方位、全过程、全覆盖的预算绩效管理体系。

预算部门或单位委托第三方机构参与预算绩效管理，是全面实施预算绩效管理的重要举措，是推动加强预算管理、提高财政资金使用效益的有效手段。为强化预算管理、提升绩效评价的独立性和可信度、加强社会监督和扩大公众参与，2021年1月财政部颁布了《关于委托第三方机构参与预算绩效管理的指导意见》，明确了预算部门或单位作为委托方选择使用第三方机构以及开展必要的管理监督要求和规范委托第三方机构评价自身绩效的做法。

2021年4月，财政部颁布了《第三方机构预算绩效评价业务监督管理暂行办法》，从受托方角度对第三方机构从事绩效评价业务进行引导和规范，这有利于贯彻落实党中央、国务院关于加强财会监督和全面实施绩效管理的要求，有利于促进从事绩效评价的第三方机构健康发展，不断提升绩效评价的科学性、公正性和可信度。

一、部门预算

部门预算改革是财政支出管理的一项重要改革，是我国政府预算制度改革中的一项重大举措。为了适应社会主义市场经济要求的客观趋势，从2000年开始，财政部根据国务院的指示决定改变传统的预算编制方法，要求各部门统一实行新的预算编制方法，编制独立完整的部门预算。部门预算是市场经济国家实行财政预算管理的基本组织形式，即一个部门一本预算。

（一）部门预算的含义

部门预算是指政府部门依据国家预算政策的规定，根据自身未来一定时期履行政府职能的实际需要，从基层单位逐级编制、审核、汇报、上报给财政部审核并提交给各级人大依法批准各部门财务收支计划。部门预算是按照"一个部门，一本预算"的原则管理部门所有的收支。核心思想在于：将部门的各项收支都按照统一标准的编报内容和形式在一本预算中反映，实行统一管理、统筹安排、综合平衡。部门预算中的部门具有特定的含义，是指那些与财政直接发生经费领拨关系的一级预算会计单位。部门预算中部门包括以下三类：一是开支行政管理费部门，如人大、党政机关和政协等；二是公检法司部门；三是参照公务员法管理的事业单位。

---

① 《习近平：决胜全面建成小康社会 夺取新时代中国特色社会主义伟大胜利——在中国共产党第十九次全国代表大会上的报告》，https://www.gov.cn/zhuanti/2017-10/27/content_5234876.htm[2017-10-27]。

（二）部门预算编制坚持五项基本原则

（1）坚持"一要吃饭，二要建设"的原则。
（2）坚持综合财政预算的原则。
（3）坚持零基预算的原则。
（4）坚持定员定额管理的原则。
（5）坚持调结构、保重点的原则。

（三）部门预算的主要内容

部门预算分为两部分，即收入预算编制和支出预算编制。

（1）部门预算收入。部门预算收入是指部门和单位编制年度预算时，预计该年度从不同渠道取得的各类收入的总和，是履行该部门的职能的财力保障。部门预算收入包括上年结转、财政拨款收入、上级补助收入、事业收入、事业单位经营收入、下级单位上缴收入及其他收入、用事业基金弥补收支差额等。当年某项预算外及其他收入测算额＝上年度该项收入的实际征收额＋本年度预计增收因素的增加额－本年度预计减少因素的减少额。

（2）部门预算支出。部门预算支出编制包括基本支出预算和项目支出预算。

基本支出预算是指行政事业单位为保证其正常运转、完成日常工作任务而编制的年度基本支出计划。

项目支出预算是指行政事业单位为了完成特定的专项的行政工作任务或事业的发展目标，在基本支出预算之外编制的年度项目支出计划，通常是一些不经常的支出项目，是对特定的用途和对象编制的专项支出计划。

（四）部门预算的特征

（1）从编制范围来看，部门预算体现部门和单位所有的收支，包括财政预算内资金收支、预算外资金收支以及其他收支，一般预算收支、政府性基金收支。这些都体现"大收入、大支出"的原则。

（2）从编制程序来看，按照"汇总预算"原则，编制时，部门预算由基层部门或单位按照自己承担的责任、发展规划及年度工作计划编制汇总而成，逐级编制、审核、汇报、上报。

（3）从编制时间来看，按照部门预算编制的要求，编制时间需提前，通过延长编制周期来提高编制质量。

（4）从编制方法来看，采用了零基预算法，克服了传统基数预算法的缺陷，体现了部门间财力配置效率，也体现了预算的透明和公平原则。

（五）部门预算编制方法

收入预算编制采用标准收入预算法。通过对国民经济运行情况和重点税源进行调查，建立收入动态数据库和国民经济综合指标库，在对经济、财源及其发展变化趋势进行分析论证的基础上，选取财政收入相关指标，建立标准收入预算模型，根据可预见的经济性、政策性和管理性等因素，确定修正系数，编制标准收入预算。

支出预算编制采用零基预算法。支出预算包括基本支出预算和项目支出预算。其中，基本支出包括人员经费和日常公用经费两部分，基本支出实行定员定额管理，人员支出预算按照工资福利标准和编制定员逐人核定；日常公用支出预算按照部门性质、职责、工作量差别等划分若干档次，制定中长期项目安排计划，结合财力状况，在预算中优先安排急需可行的项目。在此基础上，编制具有综合财政预算特点的部门预算。

（六）部门预算的编制程序

部门预算的编制通常采用零基预算法，实行"两上两下"预算编制程序（图8-1）。

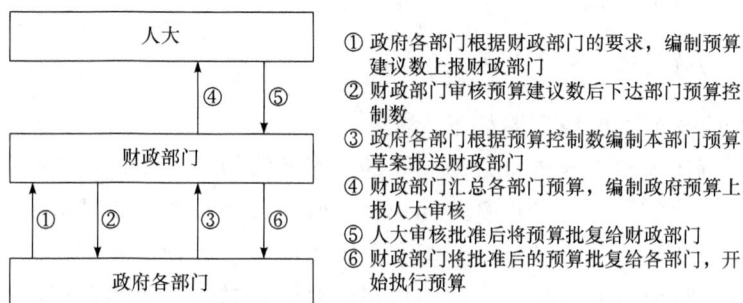

图 8-1 "两上两下"预算编制程序

"一上"：支出部门在收到财政部门的年度预算编制通知之后，对部门下一年度的支出进行测算，编制预算建议数上报财政部门。

"一下"：财政部门收到各个部门的预算后，由职能处室对各个部门的预算进行审查，然后将审查意见反馈给各部门。在下达反馈意见的同时，财政部门根据往年的预算情况和对未来年度收入的预测，给各个部门下达一个控制数，要求各个部门在控制数内修改部门预算。

"二上"：各个部门在财政部门下达的控制数内重新编制本部门的预算。然后报送财政部门。财政部门审查各个部门的预算后，汇总编制政府预算。然后，报政府常务会议讨论。财政部门根据政府常务会议的意见修改预算，然后报同级党委审查。最后，财政部门将政府预算草案报人大常委会初审。最后，人大常委会初审后形成的政府预算在人大会议召开时提交大会审议通过。

支出部门根据财政部门下达的控制数和审查意见重新修改预算，然后上报给财政部门。"二上"后，财政部门审查部门的预算后，通常提交政府常务办公会，通过后提交党委常务会，然后，政府预算必须提交给地方人大常务委员会预算工作委员会进行初步审查，初步审查通过后，提交每年的人大审查。

"二下"：人大通过预算后，由财政部门批复给各个部门，开始预算执行。

二、政府收支分类改革

政府收支分类改革是指在我国现行政府收支分类科目的基础上，参照国际通行做法，构建适合社会主义市场经济条件下公共财政管理要求的新的政府收支分类体系。财政部从 1999 年底开始启动政府收支分类改革的研究工作，经过反复修改和完善，于 2004 年形成了《政府收支分类改革方案》。考虑到政府收支分类的涉及面很广，环节也比较多，比较复杂，2005 年财政部专门选择了比较有代表性的天津、河北等 5 个地区及交通运输部、科学技术部等 6 个中央部门进行模拟试点。2005 年 12 月 27 日，经国务院批准，政府收支分类改革正式进入实施阶段。

财政部自 2007 年 1 月 1 日起全面实施政府收支分类改革，此次政府收支分类改革是新中国成立以来我国政府收支分类统计体系的一次重大调整，也是我国政府预算管理制度的又一次深刻创新。

（一）新的政府收支分类改革思路

新的政府收支分类改革思路如下。

（1）除现行政府预算收支科目中已有的一般预算收入、基金预算收入和债务预算收入外，还纳入了实行财政专户管理的预算外收入以及社会保险基金收入等，从而形成了完整、统一的政府收入分类，为提高预算透明度、强化财政监督创造有利条件。

（2）摒弃了按所有制性质分设明细科目的办法，转而采用国际货币基金组织收入分类标准和国家统计局公布的最新行业划分标准对收入进行划分。

（3）涵盖了财政预算内外、社会保险基金等所有政府支出，从而改变了财政预算外资金长期游离于政府预算收支科目之外的状况。

（4）统一按支出功能分类，集中、直观反映政府职能活动，充分体现预算细化、透明的要求。

（5）科目充分细化，体现出"体系完整、反映全面、分类明细、口径可比、便于操作"的改革要求，为预算管理、统计分析、宏观决策和财政监督等提供全面、真实、准确的信息。

（二）新旧收支科目特点

（1）全面、准确、清晰地反映市场经济条件下政府的收支活动，合理把握财政调控力度，进一步优化支出结构。预算信息将由"单维"变成"三维"，将原一般预算收入、基金预算收入、社会保障基金收入和预算外收入等都统一纳入政府收入分类体系，使政府的各项收入来源都能得到清晰的反映。通过财政信息管理系统，可对任何一项财政收支进行"多维"定位，清楚地说明政府的钱是怎么来的，做了什么事，谁做的，怎么做的，为预算管理、统计分析、宏观决策和财政监督等提供全面、真实、准确的经济信息。

（2）通过建立集约型的预算管理模式，提高政府提供公共产品和服务的效率。一方面，推行绩效预算管理方式；另一方面，新的财政收支体系有利于预算控制方式由外部控制转向内部激励。政府收支分类改革为转变我国的预算控制方式提供了条件。现代预算管理强调将管理责任下放到部门层次，形成内部控制模式，赋予部门在部门内部进行资源再分配更大的自主权，以决定资源在各个规划、项目或活动间的配置，提高预算配置效率。

（3）通过深化部门预算、国库集中收付、政府采购等各项改革，增加预算透明度，强化财政监督，从源头上防止腐败。一方面，由于新的分类体系采取对全部政府收支进行统一分类的办法，即便在预算内外资金方式暂时保持不变的情况下，我们也可以清楚地了解政府收支活动的"总账"；另一方面，由于新的支出功能分类科目统一按政府职能活动设计，"明细账"一目了然。

（4）有利于转变政府职能。政府收支分类改革后，通过新的支出功能分类和项目选择，能清晰反映政府职能活动的范围、方向和结构，为分析政府职能及其机构设置的合理性提供了条件。从我国政府治理实践出发，结合发达国家的成功经验，围绕以人为本、以结果为导向、以市场为基础等原则，转变政府职能，重塑我国政府治理的理念和模式。

（三）政府收支分类改革主要内容

政府收支分类体系由"收入分类""支出功能分类""支出经济分类"三部分构成。

（1）收入分类。收入分类主要反映政府收入的来源和性质。根据目前我国政府收入构成情况，结合国际通行的分类方法，将政府收入分为类、款、项、目四级，其包括：税收收入、非税收入、社会保险基金收入、贷款转贷回收本金收入、债务收入、转移性收入。

（2）支出功能分类。支出功能分类主要反映政府活动的不同功能和政策目标。根据社会主义市场经济条件下政府职能活动情况及国际通行做法，将政府支出分为类、款、项三级，其包括：一般公共服务、外交、国防、公共安全、教育、科学技术、文化体育与传媒、社会保障和就业、医疗卫生、节能保护、城乡社区事务、农林水事务、交通运输、金融监管等事务、其他支出、转移性支出等。

（3）支出经济分类。支出经济分类主要反映政府支出的经济性质和具体用途。其包括：工资福利支出、商品和服务支出、对个人和家庭的补助、对企事业单位的补贴、转移性支出、赠予、债务利息支出、债务还本支出、基本建设支出、其他资本性支出、贷款转贷及产权参股、其他支出。

三、国库集中收付制度

随着我国社会主义市场经济的不断发展成熟，对公共财政的要求相应地也不断提高，公共财政的传统体制与我国市场经济发展不协调的矛盾日益突出。为了顺应时代需要、历史发展，迫切需要进行我国国库集中收付体制改革，为了规范我国财政收支行为、加强对财政资金的管理监督、提高财政资金的使用效率，2001年，国务院印发了《财政国库管理制度改革试点方案》。国库集中收付制度改革大致经历了三个阶段。第一阶段是以《财政国库管理制度改革试点方案》在中央六部委试行为起点，在"一个方案、两个办法"指导下，改革从中央到地方、从局部到全国逐步推广。第二阶段是2011年以后以《财政部关于进一步推进地方国库集中收付制度改革的指导意见》为指引，省（自治区、直辖市）及以下政府加快非税收入等预算外资金纳入预算管理和地方财政专户清理整顿的步伐。第三阶段是2013年《财政专户管理办法》实施至今，党的十八届三中全会确立了建立现代财政制度，改革进入了财政专户的全面清理和国库集中收付的扩围阶段。

（一）国库集中收付制度的主要内容

国库集中收付制度的主要内容是指，建立国库单一账户体系，所有财政性资金都纳入国库单一账户管理，收入直接缴入国库或财政专户，支出通过国库单一账户体系，按照不同支付类型，采用财政直接支付与授权支付的方法，支付到商品或货物供应者或用款单位。国库集中收付制度包括集中收入管理、集中支付管理、集中账户管理。

第一，集中收入管理是指政府预算收入的缴纳者将财政收入直接缴入国库或者授权代理银行，通过银行的清算核查将款项划入国库，这样可以对财政资金的征收过程进行有效监督。

第二，集中支付管理是指所有单位的财政性支出都只在实际支付行为发生时产生，财政部门需要在中央银行专门设立一个统一账户，这样就可以通过专门的国库资金支付机构从国库单一账户直接支付给对方，预算资金不能拨付给单位分散保存。各部门或各单位可以根据发挥职能的预算需要，在批准预算项目和金额内自行决定，但是支付的款项须由财政部门决定。这样就对预算资金从分配、拨付到使用的全过程进行了有效监督控制。

第三，集中账户管理是指按政府的层级，在中央银行及授权的代理商业银行建立国库单一账户体系，并设置与国库单一账户配套使用的分类账户。

（二）国库单一账户体系

国库单一账户体系指在国库存款的各类财政性资金账户的集合，其收支、储存及清算的活动都在该账户体系下运行。国库单一账户体系包括国库单一账户、财政部门零余额账户、预算单位零余额账户、预算外资金财政专户和特设专户。

1. 财政收入收缴方式

财政收入收缴的途径包括直接缴库、集中汇缴。

（1）直接缴库，是指缴款单位和个人根据相关法律法规规定，直接将应缴收入放入国库单一账户或预算外资金财政专户。

（2）集中汇缴，是指征收单位根据相关法律法规规定，将所有征收的应缴收入清算汇总缴入国库单一账户或预算外资金财政专户。

2. 财政支出支付方式

财政支出支付方式主要有财政直接支付、财政授权支付。

（1）财政直接支付，是指财政部门向中央银行和代理银行签发支付指令，按照支付指令通过国库单一账户体系将财政性资金直接支付给收款人或用款单位。

（2）财政授权支付，是指预算单位按照财政部门授权，可以自行向代理银行签发指令，代理银行根据指令核实预算单位的用款额度后，通过国库单一账户体系将财政性资金支付给收款人或用款单位。

（三）国库集中收付制度的特点

（1）国库集中收付制度属于集权式财政管理模式，主要包含国库资金收缴的集权和国库资金支付的集权。

（2）体现出国库资金指标和资金的分离，支出决策者与办理者的分离。

（3）以国库单一账户体系为核心，财政性资金的缴拨以国库集中收付制度为主要形式。

（四）我国国库集中收付制度改革内容

国库集中收付制度适应经济发展水平和市场化水平的需要，对经济增长发挥着重要作用，我国从 2001 年开始国库集中收付制度改革。

我国国库集中收付制度改革的主要内容如下。

1. 建立国库单一账户体系

（1）财政部门在中央银行开设国库单一账户，根据收支设置分类账，收入账按预算明细进行核算，支出账按资金使用性质设立分账册。此账户是国库存款账户，用于记录、核算和反映预算管理的财政收支活动，并对财政部门在商业银行开设的零余额专户进行清算，完成支付。

（2）财政部门根据资金使用性质在商业银行开设零余额账户，给预算单位开设零余额账户。财政部门零余额账户用于财政直接支付和国库单一账户支出清算，预算单位零余额账户用于财政授权支付和清算。

（3）财政部门在商业银行开设预算外资金的财政专户，根据收支设置分类账，此账户用于记录、核算及反映预算外资金的收支活动，还用于预算外资金的日常收支清算。

（4）财政部门在商业银行给预算单位设立小额现金账户，用于记录、清算和反映预算单位的零星支出活动，还用于与国库单一账户清算。

（5）经国务院和省（自治区、直辖市）人民政府批准和授权财政部门开设特设专户，用于记录、核算及反映预算单位的特殊专项支出活动，且用于与国库单一账户清算。

2. 收入收缴程序

1）划分收入类型

全国财政资金的统一有效管理，把财政性资金划分为税收收入、非税收入、转移支付收入、债务收入、政府性基金收入等类别。

2）收缴方式

为了建立现代化国库管理制度，把财政性资金收缴分为直接缴库和集中汇缴。直接缴库是指缴款的单位和个人按照相关法律法规规定将应缴的财政性资金缴入国库单一账户或预算外资金财政专户。集中汇缴是指应征机关按照相关法律法规规定将应缴财政性资金集中汇总缴入国库单一账户或预算外资金财政专户。

3）收缴程序

收缴程序包括直接缴库程序和集中汇缴程序。直接缴库程序是指税收收入直接缴库，纳税人提出纳税申报，经应征机关审核无误，纳税人通过开户行将税款直接缴入国库单一账户；而社会保险基金收入、非税收入、贷款转贷回收本金收入、债务收入、转移性收入缴入国库单一账户或预算外资金财政专户。集中汇缴程序是指小额零散收入及法律规定的应缴收入由应征机关收缴并当日汇总缴入国库单一账户。

3. 支出拨付程序

1）国库支出分类

根据政府支出功能分类，国库支出资金用于四个方面：一是一般政府服务，包括一般公共管理、国防、公共秩序与安全等；二是社会服务，主要包括政府直接向社会、家庭和个人提供的服务，如教育、卫生、社会保障等；三是经济服务，主要包括政府经济管理、提高运行效率的支出，如交通、电力、农业和工业等；四是其他支出，如利息、政府间的转移支付等。

2）财政支付方式

财政直接支付是指由财政部门开设支付指令，通过国库单一账户体系，直接将财政资金支付到用款单位账户。

财政授权支付是指预算单位以财政授权形式，自行开设支付指令，通过国库单一账户体系将财政资金支付给收款单位账户，也包括实行财政直接支付的小额零散和购买性支出。而财政直接支付及授权支付的具体项目由各部门预算决定。

3）财政支付程序

财政直接支付程序，是指预算单位按财政部门批复的部门预算和资金使用规划项目，向财政支付的执行部门提出申请，执行部门对申请审核无误，再向代理银行发出支付指令，并通知央行、代理银行等全国银行清算系统进行实时清算，财政性资金从国库单一账户拨付给收款单位的账户。

财政授权支付程序，是指预算单位按财政部门批复的部门预算和资金使用规划，向财政支付执行单位提出申请授权的月度用款限额，财政支付执行单位批准后通知代理银行和预算单位及央行。预算单位在月度用款限额范围内自行开设支付指令，通过财政国库支付机构转给代理银行，代理银行向收款单位付款并与国库单一账户清算。

四、政府采购

新中国成立至今，随着我国制度情境因素的渐进市场化、技术情境因素的全球信息化，以及企业情境因素的供应链协同化，采购各发展阶段呈现出不同的阶段特征。政府采购管理经历了"计划经济"、"改革起步"、"市场推进"、"科学管理"和"转型发展"五个阶段，采购主体的管理更加精细化、规范化，采购方式逐渐多样化和规范化，从原本的公开招标逐渐发展到单一来源、竞争性磋商等多种非招标方式。

（一）政府采购管理

政府采购管理是指政府在采购过程中严格按采购预算、计划进行组织协调和管理采购对象的直接参与者，实现政府采购目标。政府采购实行集中采购、分散采购的采购模式和管采分离的管理体制，以及以一套规范的综合监管、专业监管、行业监管的程序对财政资金实施有效监督，提高资金的使用效率。1996年，我国在上海率先实行政府采购管理试点工作；到2000年政府采购管理在全国范围内推广；2003年，为规范政府采购流程、控制预算、避免寻租行为，施行了《中华人民共和国政府采购法》；2014年根据《关于修改〈中华人民共和国保险法〉等五部法律的决定》修正该法，并颁布了《中华人民共和国政府采购法实施条例》。之后出台了《政府采购信息发布管理办法》、《商品包装政府采购需求标准（试行）》（2020年）、《快递包装政府采购需求标准（试行）》（2020年）、《政府采购需求管理办法》（2021年）、《政府采购品目分类目录》（2022年）、《绿色数据中心政府采购需求标准（试行）》（2023年）等文件，明确规范政府采购信息发布、采购需求标准等内容。

（二）政府采购管理的分类

政府采购管理是对"人"和"物"的管理，或分为内部管理与外部监督。

（1）政府采购对"人"的管理。政府采购对"人"的管理是指对政府采购的各机构人员的管理，特别是对采购人员的管理。采购人员的素质决定采购质量，持证上岗成为必要条件，科学的采购制度是正确有效的采购的关键。

（2）政府采购对"物"的管理。政府采购对"物"的管理主要是指对采购信息、采购合同的管理。

对采购信息的管理，财政部制定并颁布的《政府采购信息发布管理办法》共21条，主要内容涉及采购信息、信息发布原则、信息发布要求、监督管理、违规处罚等。督促政府公开、公正、全面地公布采购信息，在一定程度上保障了公平的市场自由竞争。

对采购合同的管理，主要根据全国人大批准通过的《中华人民共和国合同法》（以下简称《合同法》）（其内容后归入《中华人民共和国民法典》）及财政部颁布的《政府采购合同监督暂行办法》实行。法律明确了合同的订立、效力、履行等方面内容的法律规范，是采购合同管理的法律法规依据。《政府采购合同监督暂行办法》明确规定采购机关应将合同草案有关文件报备给同级采购机关审批，合同副本报采购机关备案，并对此合同履行的采购资金进行监督和管理，应将有关合同变更的内容及时书面报政府采购管理机关，将终止合同的理由以及相应的措施及时书面报政府采购管理机关，将有关供应商违约的情况以及拟采取的措施及时书面报政府采购管理机关。审核步骤：验收结算书；接受履行报告；质量验收报告；合同约定的付款条件所要求的全部文件副本；政府采购管理机关认为应当提交的其他文件。

此外，该办法还规定政府采购的管理机关可以对政府采购进行抽样调查，或进行全面独立的审核等。

（3）内部管理。政府采购的内部管理是指通过机构设置、法律法规、采购模式等对政府采购的整个过程及所涉及人员进行管理。我国的政府采购机构主要由政府采购委员会、政府采购管理办公室、集中采购机构、采购代理机构等组成。政府采购监督管理部门管理、监督政府采购执行机构（包括集中采购机构和社会中介机构），集中采购机构与政府采购监督管理部门或其他政府行政机关之间不存在隶属关系。集中采购机构和社会中介机构（如招投标公司）都是政府采购代理机构，接受采购人的政府采购委托，但其性质不同，所承担的采购事务也不同。集中采购机构接受采购人委托的纳入集中采购目录的采购项目，而社会中介机构则是接受采购人委托的分散采购的采购项目。内部管理重点有赖于内部监督，内部监督指的是对采购人、集中采购机构和采购代理机构的监督。

（4）外部监督，又称社会监督。政府采购的社会监督主要指供应商和社会大众监督，通过"质疑与申诉机制"实现监督。政府采购公正、公平、公开、有效地进行，供应商的质疑与申诉机制显得很有必要。

（三）政府采购的特点

（1）采购主体具有特殊性。采购主体是特定的，主要包括依靠国家财政性资金运作的政府部门、事业单位及其他授权机构，其特殊性决定了采购过程中的守法性和规范性。

（2）采购资金来源的公共性。采购资金的来源为公共资金，这些资金来源于纳税人的税收收入、非税收入，它与私人资金有很大的区别。

（3）采购行为具有非营利性。政府采购的行为不是营利的，通过采购的物品或服务履行其职能，向社会公众提供公共品，以满足社会公共需要。

（4）采购款项具有直拨性。财政部门不是将采购资金支付给采购主体，而是按采购单位和供应商签订的合同将资金拨付给供应商。

（5）采购过程具有公开性。政府采购具有较高的透明度，采购信息、过程及法律和程序是公开的。政府采购管理的人或物均受到财政、审计、供应商和社会公众全方位的监督。

（6）采购客体具有广泛性，规模巨大，影响极强。在政府采购客体中，货物、工程、服务无所不有。政府性消费是市场最大的消费者，购买力巨大。采购的规模或结构对经济发展、社会效益具有很大的影响。

（四）政府采购的方式

1. 公开招标

公开招标是指招标人按法律程序以招标公告邀请非特定的法人或其他组织进行投标，在公开发布的招标公告上，符合条件的供应商和承包商可以平等、公平、公正地参加投标竞争，从中择优选择中标者的招标方式。此招标方式对竞争没有限制。按照招标人和投标人参与程度，可将公开招标过程粗略划分成招标准备阶段、招标投标阶段和决标成交阶段。

公开招标的基本程序见图 8-2。

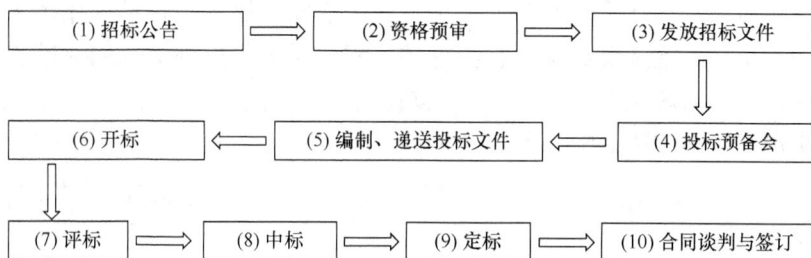

图 8-2 公开招标的基本程序

公开招标是公开发布招标信息，具有公开程度高、参加竞争的投标人多、竞争比较充分、招标人的选择余地大、费用较高、费时较多、程序较复杂等特点。所以《中华人民共和国招标投标法》规定，国家重点项目和地方重点项目不适宜公开招标的，经过批准可以进行邀请招标。这项规定的实质是要求在两种招标方式中尽可能地优先选用公开招标方式。

2. 邀请招标

邀请招标也称选择性招标，是由采购人根据供应商或承包商的资信和业绩，选择特定法人或其他组织（不能少于三家）发出招标邀请书，邀请他们参加投标竞争，从中选定中标供应商的一种采购方式。邀请招标能够按照项目需求特点和市场供应状态，有针对性地从已知的了解的潜在投标人中，选择具有与招标项目需求匹配的资格能力、价值目标以及对项目重视程度均相近的投标人参与投标竞争，有利于投标人之间均衡竞争，并通过科学的评标标准和方法实现招标需求目标，招标工作量和招标费用相对较小，既可以省去招标公告和资格预审程序（招投标资格审查）及时间，又可以获得基本或者较好的竞争效果。在一定范围内可进行邀请招标：一是涉及国家安全、国家秘密或者抢险救灾，适宜招标但不宜公开招标的；二是项目技术复杂或有特殊要求，或者受自然地域环境限制，只有少量潜在投标人可供选择的；三是采用公开招标方式的费用占项目合同金额的比例过大的。非依法必须公开招标的项目，由招标人自主决定采用公开招标还是邀请招标。

国家重点建设项目的邀请招标，应当经国务院发展计划部门批准；地方重点建设项目的邀请招标，应当经各省（自治区、直辖市）人民政府批准。

全部使用国有资金投资或者国有资金投资占控股或者主导地位的并需要审批的工程建设项目的邀请招标，应当经项目审批部门批准，但项目审批部门只审批立项的，由有关行政监督部门审批。

3. 竞争谈判

竞争谈判是指采购人通过与多家供应商（三家以上）对采购事宜进行直接的谈判，最后从中选择一家供应商成交的一种方式。简单地说，就是供应商与采购方关于价格、质量和售后服务等方面的一一协商谈判。竞争谈判在以下一定范围内进行：依法制定的集中采购目录以内，且未达到公开招标数额标准的货物、服务；依法制定的集中采购目录以外、采购限额标准以上，且未达到公开招标数额标准的货物、服务；达到公开招标数额标准、经批准采用非公开招标方式的货物、服务；按照《中华人民共和国招标投标法》及其实施条例必须进行招标的工程建设项目以外的政府采购工程。竞争谈判中，具有一定的谈判程序，让竞争谈判有效地进行。

竞争谈判的程序如图 8-3 所示。

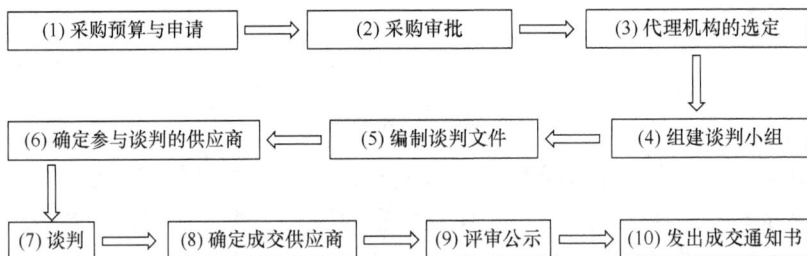

图 8-3　竞争谈判的程序

4. 单一来源采购

单一来源采购是指已达到竞争性招标采购金额标准，在一定条件下，采购商向单一的供应商征求建议或报价来采购货物、工程和服务的采购方式，这是一种没有竞争谈判的采购方式。适用于达到了限购标准和公开招标数额标准，但所购商品的来源渠道单一，或属专利、首次制造、合同追加、原有采购项目的后续扩充和发生了不可预见的紧急情况不能从其他供应商处采购等。通常情况下单一来源采购方式应当遵循的基本要求，具体包括：一是遵循的原则，采购人与供应商应当坚持《中华人民共和国政府采购法》第三条规定的"政府采购应当遵循公开透明原则、公平竞争原则、公正原则和诚实信用原则"开展采购；二是保证采购质量，政府采购的质量直接关系到政府机关履行行政事务的效果，因此，保证采购质量非常重要；三是价格合理，单一来源采购虽然缺乏竞争性，但也要按照物有所值原则与供应商进行协商，本着互利原则，合理确定价格。单一来源采购中具有一套采购程序，采购才会有效地进行。

5. 询价

询价是指采购人通过供应商（至少三家）发出询价通知书，让其报价，在报价的基础上对比其价格、质量和服务等，以物美价廉等原则来确定报价的一种方式，又称货比三家采购。询价采购必须满足三个条件才能够采购：①技术规格统一；②货源充足；③价格变化幅度小。

6. 两阶段招标采购

两阶段招标采购是指对同一项目进行两次招标采购的一种方式。先用公开招标，后用选择性招标，分两段进行。具体做法是，首先，按照公开招标方式招标、评标，然后邀请其中入围的几家再二次投标，最后确定中标者。在第一阶段招标过程中，采购商先邀请供应商提出报价的技术标，并对技术标进行澄清、修改和补充等，目的是确定技术规格。在第二阶段招标过程中，采购商根据技术规格要求对招标文件进行必要修改后，要求投标人按新的招标文件的要求进行包括含有投标价格在内的最后投标。一般如交钥匙工程、大型复杂工程、技术升级更新替代的设备等，因难以准备完整的技术规格产品和服务，都会采用两阶段招标采购。

（五）加强地方政府采购管理

政府采购管理是加强政府财政支出管理、实现资源的优化配置、提高资金使用效率的重要手段。在政府采购中，地方政府采购占很大份额。因此，采购必须在改革中求规范，在规范中求发展。实现政府采购的规范管理，应坚持循序渐进的策略。在起步阶段，根据实际需要确定规范的范围和对象、目标和内容、方针和措施。随着政府采购的推进，各种条件逐步成熟，针对政府采购管理中面临的困难和问题，通过健全法制、规范管理体系、完善采购程序、严格工作规程、规范采购信息发布以及严格招标、投标等途径，逐步提高政府采购管理水平。

1. 完善政府采购法制建设

政府采购法制化是政府采购发展壮大的保障，也是顺利实施采购的制度保证。所以必须有一套健全的法律法规来协调、处理政府采购中的各种分配关系，保证采购能顺利实施。面对现代工业时代和信息时代的采购市场、采购需求、商品形态和服务方式，要通过强化政府采购法制建设，运用现代科技手段，逐步建立起完善的政府采购法律法规体系，使政府采购工作真正步入法制化、制度化轨道。

2. 健全政府采购监管体系

政府采购不仅需要完善法律法规，更需要一整套严密的、科学的、全方位的、多层次的监督机制，对权力进行必要的约束及有效监督。以法律监督为主体，以行政监督、审计与纪检监督为辅助，充分发挥供应商的直接监督和社会监督作用。

3. 加强政府采购资金管理

政府采购资金管理是政府采购管理工作的重要环节，政府采购管理工作的好坏将直接影响政府采购制度的进程和成效。

（1）明确政府采购资金管理原则。一是统一性原则。政府采购是以政府信誉实施的公共采购行为，为确保政府采购信誉和资金及时、足额支付，要将预算内外资金与单位自有资金由不同渠道归集到政府采购管理部门，实行统一核算、统一管理，从源头上控制资金使用权，以确保政府采购资金正常拨付。二是计划原则。政府采购资金必须按采购预算、采购计划拨款，实行"以收定支，以支定购"。三是直接拨付原则。在政府采购过程中，财政部门应按政府采购合同规定，将政府采购资金通过代理银行直接拨付给货物供应商和劳务提供者。

（2）规范政府采购资金管理机制。要建立与政府采购管理运行机制相适应的政府采购资金管理机制，按照"以资金控制为核心，以预算管理和全程监督为手段，实行政府采购资金统一支付管理"的思路，通过对政府采购预算、采购计划、资金使用、结算决算等环节的控制和监督管理，以经济手段来规范政府采购行为。

4. 规范政府采购操作程序

无论采取何种采购方式，也不论采购金额大小，都必须严格按照规范、完整的采购程序运作，以体现政府采购的"公开、公正、公平"原则。政府采购一般应履行以下程序：编制全面的政府采购预算（部门预算的组成部分），制定政府采购计划（方案），按照规定的集中采购品目和分散采购品目确定政府采购的组织形式（集中或分散采购），确定采购需求、做好市场调查、预测采购风险、选择采购方式、审查供应（竞标）资格、执行采购方式和签订采购合同、履行采购合同、验收结果、结算资金、效益评估等。

5. 整合政府采购资源

由于经济社会发展水平差异等原因，我国从中央到省（自治区、直辖市）、地（市）、县普遍存在政府采购市场发育不平衡的现象。一般而言，县一级市场类型不齐全、市场发育滞后、供应商缺少、货物品种单一，政府采购代理机构、中介机构、评审专家少，政府采购规模小，难以形成规模采购和规模经济效应。在遵循自愿、竞争、效益的原则下，可以考虑将政府采购市场划分为区域内和区域间两大类。前一类是满足省际的纵向政府采购，后一类是针对省际的联合采购行为。待条件成熟后，可将通用类目录的政府采购实行全国性联合采购，变零星采购为集中采购，实现上下联动，以期实现政府采购效益最大化、操作规范化、信息资源共享化。

五、政府综合财务报告制度

政府财务报告是指为信息需求者编制的以财务信息为主要内容、以财务报表为主要形式、全面系统地反映政府财务受托责任的综合报告。政府财务报告目标与政府财务报告使用者的定位以及政府管理需求直接相关，政府财务报告目标的选择，直接决定政府财务报告的披露内容、形式，并决定政府会计准则中会计主体、会计基础、会计政策等相关问题。我国财政部于2015年印发《政府财务报告编制办法（试行）》（2017年1月1日实施，2019年进行过修订），对政府财务报告编制进行了规定，为进一步规范政府财务报告编制工作，结合2022年印发的《财政总会计制度》和政府财政财务管理需要，2023年财政部重新修订了《政府财务报告编制办法》。

（一）政府财务报告目标

美国的政府财务报告目标，既立足于满足政府内部实施宏观经济管理的实际需要，同时兼顾外部公众监督政府活动的需要。财务报告使用者的范围主要有三个方面：一是政府对其负有基本受托责任的人（市民）；二是直接代表市民的人（立法者和监督者）；三是出资者或参与贷款者（投资者和债权人）。2017 年以前，我国采用预算会计制度，重点是反映当年预算收支执行情况，没有编制真正意义上的政府财务报告。例如，立法机关和审计部门等，在制度上没有明确规定。2017 年以后，我国开始编制政府财务报告，财务报告的使用者主要是财政部门、预算单位、主管部门以及其他重要的使用者。

（二）政府财务报告主体

界定政府财务报告主体，是我国编制政府财务报告面临的难点问题之一。我国现行财政管理将具有政府功能的单位分为行政单位和事业单位，且事业单位种类繁多、性质复杂。对于现行行政单位，原则上可归为政府单位。事业单位是否应全部纳入政府财务报告主体的范围，需结合我国事业单位改革进程作进一步研究探讨。

目前，结合各国通行做法，初步考虑可将现行事业单位分为三类：一类是政府单位，将公共功能较强和使用政府财政资金规模较大的单位划为政府单位；二类是非营利组织，将不以营利为目的，通过非政府性收费等方式能实现收支平衡的单位划为非营利组织；三类是企业单位，将事业单位中属于竞争领域的国有企业单位划为企业单位。第一类政府单位属于政府财务报告主体，后两类暂不纳入政府财务报告主体的范围，但可通过附表或其他方式反映相关信息。

根据 2023 年财政部颁布的《政府财务报告编制办法》，我国政府财务报告编制包括两个层面：一是政府各部门；二是政府整体。政府各部门负责编制本部门年度财务报告，各级政府分别由各级财政部门编制本级政府整体财务报告。财政部负责汇总地方各级政府综合财务报告。

各国政府财务报告编制的会计基础主要有四类：收付实现制、修正的收付实现制、修正的权责发生制和权责发生制。权责发生制和收付实现制的主要区别在于交易如何确认以及何时确认。收付实现制关注现金收支活动，在实际收到或支出现金时，确认交易发生。权责发生制更关注经济资源价值的改变，除确认涉及现金实际变动的交易事项外，还对那些不涉及现金实际变动，但影响未来经济资源流入流出的交易事项进行确认，如资产折旧、计提坏账准备、确认资产重估价值等。我国政府财务报告以权责发生制为基础编制。

（三）财务报告构成

根据《政府财务报告编制办法》，我国政府财务报告包括政府部门财务报告和政府综合财务报告。政府部门财务报告由政府部门编制，主要反映本部门财务状况、运行情况等，为加强政府部门资产负债管理、预算管理、绩效管理等提供信息支撑。政府综合财务报告由政府财政部门编制，包括本级政府综合财务报告和行政区政府综合财务报告，分别反映本级政府整体和行政区政府整体的财务状况、运行情况及财政中长期可持续性等。政府部门财务报告应当包括财务报表和财务分析，财务报表包括会计报表和报表附注。对于政府财务报表，各国目前通用的最基本财务报表主要包括三张：资产负债表、政府营运表、现金流量表。

我国政府综合财务报告包括财务报表、财政经济分析和财政财务管理情况等。财务报表包括会计报表和报表附注。会计报表主要包括资产负债表、收入费用表等。资产负债表重点反映政府整体年末财务状况。资产负债表应当按照资产、负债和净资产分类分项列示。负债应当按照流动性分类分项列示，包括流动负债、非流动负债等。收入费用表重点反映政府整体年度运行情况。收入费用表应当按照收入、费用和盈余分类分项列示。报表附注重点对会计报表作进一步解释说明，主要包括会计报表编制基础、遵循相关制度规定的声明、会计报表包含的主体范围、重要会计政策与会计估计变更情况、会计报表重要项目明细信息及说明等事项；政府财政经济分析包括财务状况分析、运行情况分析、财政中长期可持续性分析等。政府财务状况分析主要包括：在资产方面，重点分析政府资产的构成及分布，对于长期投资、在建工程、公共基础设施、保障性住房等重要项目，分析各资产比例变化趋势以及对政府偿债能力和公共服务能力的影响；在负债方面，重点分析政府债务规模大小、债务结构以及发展趋势，通过政府资产负债率等指标，分析政府当期债务风险情况。政府运行情况分析主要包括：在收入方面，重点分析政府收入规模、结构及来源分布、重点收入项目的比例及变化趋势，特别是宏观经济运行、税收政策等对政府收入变动的影响；在费用方面，重点按照经济分类分析政府费用规模及构成、重点费用项目的比例及变化趋势，特别是政府投融资情况对政府费用变动的影响。通过收入费用率等指标，分析政府运行效率。财政中长期可持续性分析主要包括：基于当前政府财政财务状况和运行情况，结合本地区经济形势、重点产业发展趋势、财政体制、财税政策、社会保障政策、相关负债占 GDP 比例等，预测财政收支缺口，全面分析政府未来中长期收入支出等变化趋势。政府财政财务管理情况，主要反映政府财政财务管理的政策要求、主要措施和取得的成效等。

（四）政府财务报告模式

在美国，政府财务报告模式从财务报告主体出发，依次经历了基金财务报告模式、"金字塔"财务报告模式和"双重"财务报告模式。美国政府财务报告模式的主要特点如下。

（1）联邦政府、州和地方政府的财务报告模式是相互独立的。因为联邦政府会计遵循联邦会计准则咨询委员会颁布的会计与财务报告规范，而州和地方政府会计与财务报告规范则由政府会计准则委员会制定。

（2）联邦政府与州和地方政府设立了大量不同类型的基金，都是单独的会计与财务报告主体。从财务报告主体看，美国联邦政府的财务报告分为本级财务报告和合并财务报告。在州和地方政府中，基金是州和地方政府财务报告的基础，以此形成财务报告主体的财务报表。

（3）"金字塔"财务报告模式也称综合财务报告模式，其财务报告主体是州和地方政府。政府财务报告的内容主要包括预算信息、财务信息和其他信息。

（4）政府财务报告按照编制的时间可以分为中期财务报告和年度财务报告。其中，中期财务报告是以内部使用者为服务对象的，一般不向外界披露。年度财务报告则面向各种各样的信息使用者，因而它的编制应符合公认会计原则的要求。美国政府会计准则委员会在其《政府会计和财务报告准则汇编》中指出，政府的年度财务报告由简介部分、财务报表和统计图表三部分组成，其中财务报表是财务报告的核心。财务报表具体包括资产负债表、收入支出与基金余额变动表、现金流量表、净资产变动表等。美国政府财务报告模式的精髓在于对财务报告目标使用者的准确定位，并始终坚持需求导向。

在中国，为进一步规范政府财务报告编制工作，结合 2022 年印发的《财政总会计制度》（财库〔2022〕41 号）和政府财政财务管理需要，财政部于 2023 年印发了《关于修订印发〈政府财务报告编制办法〉的通知》（财库〔2023〕21 号）。从该办法中可以知道中国政府财务报告编制情况。

（1）从报告的内容看，政府部门财务报告包括财务报表和财务分析，而政府综合财务报告包括财务报表、财政经济分析和财政财务管理情况等。

（2）从报表的期间看，政府财务报告按公历年度编制，即每年 1 月 1 日至 12 月 31 日。

（3）从财务报告的技术看，《政府财务报告编制办法》第一章第三条明确规定，"政府财务报告以权责发生制为基础编制"。

（4）从财务报告的使用者看，《政府财务报告编制办法》第一章第三条规定政府财务报告"可作为考核地方政府绩效、开展地方政府信用评级、评估预警地方政府债务风险、编制全国和地方资产负债表以及制定财政中长期规划和其他相关规划的重要依据。"由此可知使用者包括各级人民代表大会、各级政府及有关部门、政府财政部门自身和其他会计信息使用者、投资决策者等。

复习思考题

1. 地方财政管理的目标和原则是什么？
2. 地方政府预算的程序和内容是什么？
3. 国库集中收付制改革的内容是什么？
4. 我国预算收支分类的具体内容是什么？
5. 政府采购的特点是什么？有哪些采购方式？
6. 如何做好政府财务报告？

参 考 文 献

贝利. 2006. 地方政府经济学：理论与实践[M]. 左昌盛，周雪莲，常志霄，译. 北京：北京大学出版社.

曹原. 2018. "营改增"后地方税主体税种的选择与培育：以河北省为例[D]. 石家庄：河北经贸大学.

陈昌龙. 2019. 财政与税收[M]. 5 版. 北京：北京交通大学出版社.

陈共. 2017. 财政学[M]. 9 版. 北京：中国人民大学出版社.

陈明艺，朱红娜. 2018. 选择消费税为地方税主体税种的阶段化路径研究[J]. 经济研究导刊，（18）：61-64.

陈如龙. 1989. 中华人民共和国财政大事记（1949—1985）[M]. 北京：中国财政经济出版社.

陈婷婷. 2020. 编制政府综合财务报告问题及对策[J]. 经济管理文摘，（20）：114-115.

陈志芳. 2014. 基于平衡计分卡的地方项目财政支出绩效评价指标体系研究[M]. 昆明：云南人民出版社.

储德银，邵娇，迟淑娴. 2019. 财政体制失衡抑制了地方政府税收努力吗?[J]. 经济研究，54（10）：41-56.

杜芹. 2020. 国库集中支付制度下的内部控制探究[J]. 财经界，（23）：41-42.

杜彤伟，张屹山，杨成荣. 2019. 财政纵向失衡、转移支付与地方财政可持续性[J]. 财贸经济，40(11)：5-19.

费雪. 2000. 州和地方财政学[M]. 吴俊培，总译校. 北京：中国人民大学出版社.

冯俊诚. 2020. 财权与事权不匹配和经济增长：来自省以下财政体制改革的经验证据[J]. 财贸经济，41（8）：34-47.

符夷杰. 2019. 地方税体系建设：基于税收治理属性的理论探讨[J]. 税收经济研究，24（5）：7-12.

高培勇. 2023. 将分税制进行到底：我国中央和地方财政关系格局的现状与走向分析[J]. 财贸经济，44（1）：5-17.

高小萍，郭晓辉. 2023. 我国地方财政支出结构：现状、再认识及优化思路[J]. 新疆社会科学，（5）：57-65.

高云. 2020. 乡镇财政预算编制管理现状分析与思考[J]. 财经界，（5）：8.

胡海生，陈杰. 2016. 地方人大加强全口径预决算审查监督研究：基于上海市某区人大预决算审查调研[J]. 地方财政研究，（2）：23-29.

黄洪，朱盈盈，明仪皓，等. 2015. 地方税体系的运行特点与完善策略[J]. 税务研究，（12）：38-40.

姜长青. 2019. 新中国财政体制 70 年变迁研究[J]. 理论学刊，（5）：72-80.

李金荣. 2016. "营改增"后地方税收体系建设研究[J]. 经济研究参考，（33）：57-60.

李萍. 2006. 中国政府间财政关系图解[M]. 北京：中国财政经济出版社.

李莎. 2016. 公共财政基础[M]. 北京：北京理工大学出版社.

李胜兰，黄晓光. 2018. 中国地方涉税法律制度演进与区域税收收入水平差异研究[J]. 中山大学学报（社会科学版），58（6）：29-39.

李新恒. 2019. 地方税体系中的主体税种选择：几种方案的比较分析[J]. 地方财政研究，（4）：52-57.

林慕华. 2019. 完善地方人大预算审查监督的挑战与应对[J]. 地方财政研究，（7）：4-11.

刘慧. 2020. 地方政府综合财务报告改革困境及对策探索[J]. 财经界，（28）：113-114.

刘建徽，周志波. 2016. 完善我国地方税体系的路径选择[J]. 经济研究参考，（24）：20-21.

卢洪友. 2018. 分类预算、软约束与财政努力程度：对地方政府收支行为激励效应的一个检验[J]. 经济科学，（4）：19-32.

吕冰洋，陈怡心. 2022. 财政激励制与晋升锦标赛：增长动力的制度之辩[J]. 财贸经济，43（6）：25-47.

吕冰洋，台航. 2019. 国家能力与政府间财政关系[J]. 政治学研究，（3）：94-107，128.

马光荣，张凯强，吕冰洋. 2019. 分税与地方财政支出结构[J]. 金融研究，（8）：20-37.

马海涛，李升. 2014. 对分税制改革的再认识[J]. 税务研究，（1）：13-20.

马海涛，任致伟. 2017. 我国纵向转移支付问题评述与横向转移支付制度互补性建设构想[J]. 地方财政研究，（11）：82-87.

马斯格雷夫，等. 2003. 财政：理论与实践[M]. 5版. 邓子基，邓力平，译校. 北京：中国财政经济出版社.

马忠华，许航敏. 2019. 财政治理现代化视域下的财政转移支付制度优化[J]. 地方财政研究，（12）：36-42.

匿名. 2020. 司法部、财政部负责人就《中华人民共和国预算法实施条例》修订有关问题答记者问[J]. 西部财会，（9）：4-6.

乔宝云，范剑勇，彭骥鸣. 2006. 政府间转移支付与地方财政努力[J]. 管理世界，（3）：50-56.

沙安文，乔宝云. 2006. 地方财政与地方政府治理：国际经验评述[M]. 北京：人民出版社.

陶勇. 2006. 地方财政学[M]. 上海：上海财经大学出版社.

汪彤. 2019. 共享税模式下的地方税体系：制度困境与路径重构[J]. 税务研究，（1）：38-44.

王森. 2020. 我国地方主体税种的选择与地方税体系建设[J]. 当代经济，（1）：63-67.

王韶华. 2016. 中国财政支出绩效评价研究[M]. 武汉：湖北科学技术出版社.

王玮. 2019. 地方财政学[M]. 北京：北京大学出版社.

温立洲，李金荣. 2018. "营改增"背景下地方税主体税种选择研究[J]. 内蒙古社会科学（汉文版），39（2）：125-131.

伍敏敏. 2017. 财权与事权配置视角下我国现代财政制度构建研究[J]. 求索，（2）：135-140.

谢京华. 2016. 税制改革背景下地方财政收入体系的重构研究[J]. 经济研究参考，（72）：14-19.

谢贞发，范子英. 2015. 中国式分税制、中央税收征管权集中与税收竞争[J]. 经济研究，50（4）：92-106.

徐榕. 2018. 如何运用全面预算管理方法加强医院的成本管理[J]. 财经界，（8）：33-34.

许宏才. 2020. 认真贯彻落实预算法实施条例 深入推进预算管理制度改革[J]. 预算管理与会计，（10）：7-9，19.

薛凝. 2018. 地方税主体税种选择的可行性[J]. 经济研究参考，（48）：25-26.

杨慧兰. 2013. 公共服务视角下的地方政府财政支出[M]. 天津：天津人民出版社.

杨良松，余莎. 2018. 地方上级政府对转移支付的截留研究：基于省级与地级数据的实证分析[J]. 公共管理学报，15（2）：14-27，154.

殷情，费锐. 2019. 我国地方税主体税种的方案选择：基于区域财力均衡的视角[J]. 对外经贸，（10）：149-152.

张斌. 2016. 地方税体系建设的基本思路[J]. 经济研究参考，（71）：14-15.

张堂云. 2020. 开放视域下深化政府采购制度改革的遵循与创新[J]. 中国招标，（9）：83-85.

章君. 2018. 全面营改增后完善地方税体系研究综述[J]. 财会研究，（2）：11-16.

钟晓敏. 2017. 地方财政学[M]. 4版. 北京：中国人民大学出版社.

朱雅玲. 2019. 晋升锦标赛下地方政府竞争对消费结构的影响：基于公共品供给竞争视角[J]. 中国经济问题，（5）：76-93.

朱志刚. 2003. 财政支出绩效评价研究[M]. 北京：中国财政经济出版社.

Arnott R J, Stiglitz J E. 1979. Aggregate land rents, expenditure on public goods, and optimal city size[J].

The Quarterly Journal of Economics, 93(4): 471-500.

Shah A. 1994. The Reform of Intergovernmental Fiscal Relations in Developing and Emerging Market Economies[M]. Washington: The World Bank.